LUAN SANTANA

RICARDO MARQUES

LUAN SANTANA
A BIOGRAFIA

2ª edição

EDITORA RECORD
RIO DE JANEIRO • SÃO PAULO
2015

CIP-BRASIL. CATALOGAÇÃO NA FONTE
SINDICATO NACIONAL DOS EDITORES DE LIVROS, RJ

Marques, Ricardo
M32L Luan Santana: a biografia / Ricardo Marques. – 2ª ed.
2ª ed. Rio de Janeiro: Record, 2015.
Il

Inclui apêndice
ISBN 978-85-01-10619-3

1. Santana, Luan, 1991-. 2. Cantores – Brasil – Biografia.
3. Música sertaneja. I. Título.

15-25161 CDD: 927.845
CDU: 929:821.134.3(81)

Texto revisado segundo o novo Acordo Ortográfico da Língua Portuguesa.

Todos os esforços foram feitos para localizar os fotógrafos das imagens e os autores das músicas reproduzidas neste livro. A editora compromete-se a dar os devidos créditos numa próxima edição, caso os autores as reconheçam e possam provar sua autoria. Nossa intenção é divulgar o material iconográfico e musical que marcou uma época, sem qualquer intuito de violar direitos de terceiros.

Direitos exclusivos desta edição reservados pela
EDITORA RECORD LTDA.
Rua Argentina, 171 – Rio de Janeiro, RJ – 20921-380 – Tel.: 2585-2000.

Impresso no Brasil

ISBN 978-85-01-10619-3

Sumário

1. O Gurizinho cresceu

Dezoito de julho de 2015, 23h, um sábado de inverno em Itapecerica da Serra, região metropolitana de São Paulo. Uma multidão de jovens, tanto garotas quanto rapazes, espera impacientemente o início do show que encerraria a tradicional Festa de Peão de Boiadeiro realizada anualmente na cidade. Já perto da meia-noite, os organizadores liberam a imensa arena onde, nos últimos dias, os peões se arriscaram no lombo de touros e cavalos bravos. Rapidamente o público toma conta da pista de areia. Agora, para onde se olha todos os lugares estão ocupados: a arena, as arquibancadas, os camarotes. Os locutores entretêm as pessoas até que, já depois de meia-noite e meia, a cortina se abre e Luan Santana surge em meio a uma apoteose de fogos de artifício, canhões de luzes, fumaça e papel laminado. O palco é grandioso: quatro telões nas laterais, um piano em uma plataforma giratória, a banda e três *backing vocals*. No fundo, um painel luminoso que reproduz a fachada de um cinema antigo. Luan veste terno preto, camisa preta de bolinhas brancas e gravata, cheio de estilo. E as fãs gritam e cantam, sem parar, eufóricas, milhares delas, de celulares em punho, filmando tudo. Em todos os sentidos, uma superprodução. Algumas horas depois, na tarde de domingo, o portal UOL já publicava uma chamada em destaque, remetendo a uma matéria do site da *Caras*, com várias fotos do show em Itapecerica da Serra. A primeira foto mostrava Luan segurando um sutiã vermelho jogado ao palco por uma fã.

Onze de agosto de 2007, 23h30, também um sábado de inverno, em Bela Vista, interior do Mato Grosso do Sul. Se fosse um filme, a câmera que filmava Luan no palco em Itapecerica da Serra começaria a perder o foco e, num corte rápido, a imagem do cantor de 24 anos, com barba rala, bigode e corpo musculoso, com roupa de grife, seria substituída pelo rosto de um adolescente de 16 anos, franzino, em trajes "de ficar em casa", um pouco assustado e sem jeito, mas mesmo assim eufórico. Para o público, aquele menino era o Gurizinho, como anunciavam uns poucos cartazes na cidade com menos de 25 mil habitantes, na fronteira do Paraguai. O cenário grandioso do show de 2015 seria substituído por um pequeno palco no canto de um barracão pintado de verde-oliva, sede do Clube Pedro Rufino, que pertence ao exército. O palquinho acanhado tem menos de um metro de altura, quase no nível do público, e não há nenhuma decoração, a não ser um banner de Robson & Juliano, uma dupla sertaneja de Campo Grande. Em vez do astro da noite, Gurizinho seria apenas o cantor do show de abertura. Nenhuma fã atiraria peças de roupa no palco. E, no dia seguinte, nenhuma notícia na internet ou em jornais e revistas.

* * *

Sete anos, onze meses e sete dias separam as duas cenas. Além da passagem do tempo, há muito mais entre essas datas. Há nada menos do que uma espantosa história de sucesso, os poucos anos que transformaram o Gurizinho em um dos mais surpreendentes fenômenos da música brasileira na última década. O Gurizinho cresceu, virou Luan Santana, fez um número inacreditável de shows, emplacou seus discos entre os mais vendidos por meses seguidos, ganhou muito dinheiro e, sobretudo, milhões de admiradores. Milhões mesmo, sem exagero, como atestam os mais de 10 mil fã-clubes criados em sua homenagem. Na última semana de julho de 2015, Luan Santana tinha 14.348.803 seguidores no Facebook, além de quase 5 milhões no Instagram, e esses números não param de crescer. Existe até mesmo uma página no Facebook chamada "Queremos um livro com a biografia do Luan Santana", com mais de 3 mil fãs.

O show em Bela Vista durou 1h10. Gurizinho cantou para cerca de mil pessoas e ganhou um cachê de R$ 500, dos quais, deduzidas as despesas, sobraram R$ 50 — uma fração insignificante dos R$ 250 mil, em média, que Luan recebe agora a cada vez que sobe a um palco. No réveillon de 2012 para 2013, ganhou R$ 500 mil para fazer apenas um show em uma praia de Fortaleza, segundo o *Diário Oficial do Estado do Ceará* de 26 de dezembro de 2012. No Ano-Novo seguinte, recebeu 290 mil para cantar na Esplanada dos Ministérios, em uma apresentação que durou menos de uma hora e meia, segundo o *Correio Brasiliense*. Em um show na Praça da Apoteose, no Rio de Janeiro, para funcionários públicos, seu cachê foi de R$ 520 mil. Em outra apresentação em Brasília, no Estádio Mané Garrincha, a venda de ingressos superou R$ 1 milhão, a maior bilheteria de sua carreira por muitos anos.

Seus CDs foram os mais vendidos nos últimos três anos, e isso se repetiu nos cinco primeiros meses de 2015, como foi registrado no jornal *O Globo* por Ancelmo Gois, que cravou a marca de 300 mil cópias no período. Um de seus últimos sucessos, "Escreve aí", já estava havia cinco semanas consecutivas no topo da lista de músicas mais tocadas das rádios do país. É queridinho da Globo e já emplacou trilhas sonoras em cinco novelas da emissora, a última delas *I love Paraisópolis*, em 2015. Em fevereiro de 2014, mudou-se de Londrina, no Paraná, para uma casa luxuosa em Alphaville, um condomínio perto de São Paulo. Viaja em um jato executivo Cessna Citation V com oito lugares, de uso exclusivo. Já teve um Porsche Boxster e agora dirige uma Ferrari 458 branca, comprada em 2014 por R$ 1,15 milhão.

Luan Santana tornou-se um astro. O que ele provoca nos fãs só pode ser comparado ao auge da Jovem Guarda ou a outros raros fenômenos populares, como Neymar. As fãs não o admiram, idolatram. Não apenas gostam dele, o veneram. Literalmente, tatuam na pele o nome dele, o título de uma música ou simplesmente "Luanete". Choram compulsivamente nos shows e nos camarins. Fazem loucuras para ficar alguns segundos ao lado dele e tirar uma foto. Nem a polícia nem os seguranças conseguem contê-las. Criaram fã-clubes para o ídolo e também para o pai, a mãe e a irmã, o empresário, a assessora de imprensa, os músicos e outras pessoas que circulam ao lado do ídolo, como se a simples convivência transmitisse alguma aura.

2. "Apartei a guria"

Dizem que história bem contada tem que começar do princípio. Então é preciso voltar um bom tempo antes daquele primeiro show em Bela Vista. O cenário é Jaraguari, 3 mil habitantes, no Mato Grosso do Sul, a 40 quilômetros de Campo Grande. Ali viviam Marizete e Amarildo, que em setembro de 1986 tinham 14 e 23 anos, respectivamente. Marizete ainda uma menina de cabelos castanhos e longos; Amarildo, um bancário sério e determinado. Os dois estavam na Festa da Primavera, tradicional na pequena cidade. Festa típica do interior: quermesse, um bailinho e um desfile de jovens meninas, debutantes, que se sentiam importantes na "apresentação à sociedade local" ao dançar a valsa, o grande momento. Marizete usava um vestido curtinho, azul, com enfeites brilhantes. Era sua primeira festa e ela estava acompanhada da tia.

Amarildo viu a guria e se encantou. Apesar da diferença de idade, ele "apartou" Marizete do resto do baile e disse na hora: "Ela será minha." A menina percebeu a insistência do olhar do rapaz mais velho, bem mais velho, pois, para quem tem 14 anos, nove anos de diferença são demais. "Ele cismou comigo, vi na hora", ela recorda, e estava certa. Tanto tempo depois, Marizete ainda se lembra de detalhes mínimos do bailinho, as cores, as músicas, as roupas, o que prova que os olhares do rapaz desconhecido atingiram o alvo. Amarildo não desgrudou mais dela. Depois de dois encontros rápidos, para imensa surpresa de Marizete, ele foi falar com o pai dela, Aristides Domingos, e pediu autorização formal para namorar a filha. Era o costume na época em uma cidade pequena como Jaraguari. Tudo tinha de ser feito "nos conformes", principalmente com alguém como seu Aristides, homem sério, e além de tudo amigo do pai de Amarildo, em um lugar onde se imagina que todos se conhecem. Mas estranhamente, talvez pela diferença de idade, Marizete e Amarildo não se conheciam. Amarildo nasceu ali, Marizete é de Campo Grande, mas com 8 anos mudou-se para Jaraguari, onde vive menos gente do que em um grande condomínio de cidade grande.

"Foi amor à primeira vista", afirma Amarildo, com convicção. Quando viu Marizete, não pensou que tinha 23 anos e ela 14, nem pensou em mais nada. Simplesmente decidiu que se casaria com ela. Parece uma história de romance, de filme, mas foi o que aconteceu. Ele viu a guria e pronto: "Apartei ela do resto do povo e falei na hora: é ela!" No fim do baile, procurou Marizete e disse o que pensava. Três semanas depois, estacionou em frente à casa dela seu maltratado Fiat 147 de vidro escuro, com os bancos em péssimas condições, e pediu para falar com seu Aristides. Malandramente, tirou do carro uma caixa com duas dúzias de garrafas de cerveja e, na maior cara de pau, disse que era um presente para seu Aristides, a bebida preferida do futuro sogro, como ele já se informara. Essa audácia desarmou o pai de Marizete, que, mesmo meio ressabiado, autorizou o namoro, talvez prevendo que alguém tão decidido, e ainda por cima trazendo cerveja para ele, provavelmente daria um bom genro. Não demorou para que Amarildo conquistasse tanto seu Aristides quanto os três irmãos de Marizete, a única menina da casa. O curioso é que o pai e a mãe de Marizete também se conheceram em um baile de fazenda em Jaraguari. Parecia que a história se repetiria.

O namoro foi assim: a distância durante a semana, quando Amarildo ficava em Campo Grande, e pessoalmente de sexta à noite até domingo, em Jaraguari. Geralmente o programa era tomar uma cuia de tererê, bebida à base de mate, como o chimarrão do Sul, só que gelada, embaixo do pé de manga, bem coisa de interior, além de uma festinha de vez em quando, no salão paroquial. Não havia cinema nem quase mais nada na cidade.

Logo no começo Amarildo ganhou totalmente o sogro, que começou a tratá-lo como filho: "Foi incrível. Falo que meu sogro gostava mais de mim até do que minha mulher, bicho. Ele era uma pessoa sensacional. E a história da cerveja é a seguinte: um cliente no banco tinha uma distribuidora de bebidas e eu sabia que o seu Aristides gostava de tomar umas de vez em quando. Então pensei: é o ponto fraco, né? Aí levei a caixa e coisa e tal, conversei com ele e deu tudo certo. Ele sabia da minha procedência, conhecia minha família, que era humilde e pobre, mas honesta e trabalhadora, aquela coisa toda. E aceitou de pronto, era liberal, gente boa demais."

Mas bem que Marizete tentou endurecer no início. Ela e Amarildo haviam se encontrado por pouquíssimo tempo e não foram além de pegar na mão e dar uns beijinhos inocentes. Achava que Amarildo era velho para ela, que ainda vivia no mundo próprio das adolescentes, com mais brincadeiras e sonhos do que grandes acontecimentos reais. Não tinha malícia e, para piorar, soube que uma de suas primas, de 15 anos, estava de olho no rapaz. "Então pensei: vou ficar na minha", lembra Marizete. E de repente lá estava aquele Fiat estropiado parado na frente da casa dela e o pretendente pedindo para falar com o pai, segurando uma caixa pesada. Até poucos dias antes, só sabia que aquele rapaz era chamado pelo apelido de Mone, o caçula do seu Cazuza, apelido de José Santana. Sabia também que ele já tinha namorado a irmã da prima que o paquerava na Festa da Primavera, a Margarete. Marizete era apenas uma menina prestes a entrar no ensino médio, que nunca havia namorado seriamente, e ele já tinha uma história, havia feito faculdade de ciências contábeis, com dificuldade, e encaminhava sua vida.

Aos 19 anos, Amarildo deixou Jaraguari para trabalhar em uma agência do Banco Nacional em Campo Grande, onde morou na casa de um de seus seis irmãos. O emprego, segundo ele conta, foi arranjado na base do "QI", quem indica, e o futebol ajudou. Os empregados do banco promoviam campeonatos de futebol de salão, uma paixão na casa de Amarildo, que em um churrasco de fim de semana conheceu a turma. O irmão dele, que já era bancário, apresentou Amarildo e disse que ele precisava de um emprego. Amarildo lembra: "Os caras do Nacional perguntaram se eu jogava bola. Eu disse que sim. Bem? Bem, respondi. Então fiz dois testes, de bola e no banco, e me contrataram." Mesmo morando em Campo Grande, Amarildo ainda estava mais ligado a Jaraguari do que à capital, e todas as sextas-feiras voltava para a casa da mãe. Em um desses fins de semana viu Marizete e investiu na conquista. O namoro engrenou e, contando com o noivado, não durou mais do que quatro anos. Então, para Amarildo, Marizete tornou-se Lizete; para ela, ele era Vidinha.

3. Luã Mattar, a inspiração

Em 1990, na pequena igreja de Jaraguari, aos 18 anos, Marizete Cristina Alves Domingos disse sim a Amarildo Aparecido de Santana, então com 27 anos. Quase ninguém sabia, mas no dia do casamento Marizete já estava grávida do primeiro filho, que nasceu saudável, sob o signo de Peixes, às 10h35 do dia 13 de março de 1991, uma quarta-feira, com 3 quilos e 530 gramas e 50 centímetros, na maternidade Pró-Matre, na rua Barão do Rio Branco, 2.590, centro de Campo Grande. Foi batizado como Luan Rafael Domingos Santana. Nove dias depois do parto, o bebê foi registrado no cartório de Jaraguari, tendo Campo Grande como local de nascimento. A oficial do cartório, Zulene Silva Camy, assinou a certidão, e as testemunhas foram Vergilio Pereira Vicente e Idemar de Oliveira. Foi o nascimento de número 3.319 do cartório de Jaraguari. Na escolha do nome, os pais se inspiraram em Luã Mattar, filho da cantora Elba Ramalho e do ator Maurício Mattar, que hoje também é músico. Na época, Marizete era fã de Elba e gostou muito do nome que ela tinha dado ao filho. Só tirou o til do "a" e acrescentou um "n".

Pelos exames de ultrassom feitos no pré-natal, Luan deveria ter nascido cinco dias antes, em 8 de março. Ainda hoje essa "tranquilidade" é uma das características da personalidade dele: calmo, sorridente e educado, sempre que possível. "Ele atrasou um pouquinho para nascer, mas eu não me preocupei porque não sentia nada, nenhum incômodo, contração, nada. A médica esperou, mas no dia 13 ela disse que já era hora, que eu teria que me internar e fazer uma cesariana", lembra Marizete.

Enquanto a obstetra decidia pela cesariana, Amarildo cumpria seu horário no banco, preocupado com a mulher. Ao receber a notícia, saiu correndo do trabalho para levar Marizete à maternidade. Deixou seu irmão fazendo companhia a ela e foi verificar se o convênio médico cobriria o parto. Ao voltar, Luan já tinha nascido e dormia tranquilamente no berçário. Amarildo diz que ficou maravilhado com a chegada do primeiro filho: "Foi demais. Eu era fanático por ele. Sempre que podia eu dava banho, trocava fralda e tudo mais. Participei o máximo possível da infância dele, jogava bola, brincava de carrinho, andava de bicicleta, levava à pescaria, aquela coisa boa de pai e filho."

Marizete recuperou-se bem da cesárea, feliz da vida. Na volta para casa, logo começou o longo ciclo de adoração e mimos ao bebê, o que de certa forma continua até hoje. Ela diz que os primeiros meses foram tranquilos, a não ser pelos períodos de cólicas, naturais na idade, e por uma infecção intestinal mais preocupante. Com apenas 19 anos, ainda tão jovem e mãe de primeira viagem, desesperava-se ao perceber que não podia fazer nada para interromper o choro de Luan. Ela então chorava também, inconsolável e ultrassensível. A infância foi quase sem acidentes: apenas um joelho torcido no futebol na escola, aos 13 anos, quando Luan foi levado ao hospital em um carro de bombeiros, o que deixou Marizete assustadíssima.

Luanzinho, como a mãe o chama até hoje, foi amamentado por nove meses, e depois nunca deu muita importância a comida. Se não insistissem, não comia. Mas Marizete insistia sempre, dando comida na boca. Até hoje ele é "ruim para comer", diz a mãe. Desde criança sempre gostou de bife acebolado, ainda hoje um de seus pratos preferidos: arroz, batata frita, salada e bife com bastante caldo e cebola. Também gosta muito de creme de abacate.

Marizete diz que desde cedo ele era "muito bonzinho" e tranquilo: "E sempre foi meio desligado. Até hoje a gente fala com ele e percebe que ele está longe, provavelmente pensando em música ou em algum detalhe do show, sem prestar atenção no que a gente diz", conta Marizete. Com onze meses, ele já dava os primeiros passos e logo começou a falar. Mas o que o diferenciava, segundo Marizete, era o modo como preferia observar tudo em volta. Ao chegar em um lugar, ficava quietinho, prestando atenção, curioso, querendo saber detalhes das coisas que via. Marizete diz que Luan nunca foi "arteiro, moleque que chega e já vai fazendo bagunça e pondo a mão em tudo". Se não entendia alguma coisa, perguntava. Era um pouco tímido também, ficava quieto, na dele, e demorava a se soltar com quem não conhecia bem. Mas depois que se sentia à vontade, tudo mudava. Com as pessoas de quem gostava, era brincalhão, gozador, e até hoje essas características permanecem, segundo Marizete: "Os meninos diziam que ele era meio xarope, porque ficava no canto dele. Mas ele nunca deu bola, parecia que tinha muita segurança em si mesmo." Para Luan, Marizete era Mamusca. Amarildo era chamado de Mone.

4. Pés no chão

Luan pode dizer que teve sorte na vida. Nasceu de um caso de amor autêntico que, por tudo que se vê, se mantém vivo até hoje, apesar do turbilhão de acontecimentos que a família compartilhou desde aquele primeiro show em Bela Vista em 11 de agosto de 2007. Sempre foi mimado, paparicado, em uma família de classe média, estável, sem dramas, um ambiente muito diferente das histórias recheadas de tragédias e superação que costumam marcar a trajetória de ídolos populares, na linha de *2 filhos de Francisco*. Nunca foi obcecado pelo sucesso nem se via em condições de viver como cantor, no início da carreira. Muito menos foi um ídolo fabricado por marqueteiros capazes de antever o imenso potencial de um garoto novo cantando sozinho em um universo dominado por duplas. E desde cedo Luan aprendeu que nada vem fácil na vida.

Hoje, quem vê Amarildo Santana nas redes sociais, nos noticiários e nos fã-clubes que criaram para ele à sua revelia pode pensar que se trata de mais um caso clássico de pai que vive do sucesso do filho famoso. Nada mais equivocado. Amarildo é sujeito sério, bem formado, que sabe o quanto é preciso batalhar na vida. É evidente que o dinheiro é coisa que fascina, mas ninguém se iluda: Amarildo tem os pés no chão. Sempre teve. Antes de casar, tratou de comprar um apartamento de 60 metros quadrados em Campo Grande, onde trabalhava. Ele lembra que a família passou dificuldade na sua infância e juventude, por isso pôs na cabeça que nunca pagaria aluguel nem faria dívidas além de suas possibilidades.

Seus pais, José Santana e Manuela Martins de Santana, esses sim, tiveram uma vida difícil. Nascido na Bahia, José foi para Mato Grosso aos 15 anos, em uma viagem que durou vinte dias, alguns deles em barco a vapor no rio São Francisco, em uma época em que a região quase não tinha estrada. Foi trabalhar na terra, empregado em fazendas, anos antes de existir o estado do Mato Grosso do Sul, que só seria criado em 1977. O que o rapaz mais fazia era carpir e ajudar a derrubar a mata, para dar espaço às plantações e aos pastos para o gado. Até que se cansou de trabalhar na terra dos outros e começou a vender sementes de capim para os rebanhos trazidos à região por empresários estimulados pelo governo militar da época, que queria desenvolver rapidamente a nova fronteira agropecuária do centro-oeste. José vendeu muita semente de capim braquiária, união e jaraguá, indo de uma fazenda para outra a fim de comprar aqui e vender ali, tudo informalmente.

Até que um dia José conheceu Manuela em uma fazenda em Jaraguari e resolveu ficar na cidade. Por incrível que pareça, quando se casaram, ele tinha 17 anos e ela apenas 15. Tiveram sete filhos, sendo Amarildo o mais novo, nascido em 1963 e batizado com o nome do craque de futebol que ajudara o Brasil a ser bicampeão mundial no Chile, no ano anterior. Apelidado de Possesso, o jogador substituiu Pelé, que se machucara logo no segundo jogo da Copa, e fez gols importantes, como o da final contra a Tchecoslováquia. Outros irmãos de Amarildo também foram batizados de acordo com a paixão de seu José pelo futebol. O mais velho é Leônidas, homenagem ao "Diamante Negro", artilheiro da Copa do Mundo de 1938 e suposto inventor do chute de bicicleta. Também tem o Gilmar, o Carlos Alberto e o Adão, todos nomes de craques da bola, além das irmãs Eva e Zilda.

Amarildo lembra que nasceu em um lugar que era praticamente um depósito de sementes, minúsculo, na beira da rodovia, que servia de casa da família e negócio do pai. Mais tarde seu José conseguiu comprar uma casinha, mais simples impossível, cujo banheiro não tinha nem paredes decentes. Para tomar banho, era preciso ver se não havia ninguém por perto. E a paixão pelo futebol estava sempre presente. Seu José construiu o primeiro campo de Jaraguari e montou um time de futebol de salão com os filhos, o Santana FC. Amarildo não jogava muito bem, como ele próprio admite, mas um de seus irmãos, Gilmar, foi um centroavante bom de bola que chegou ao juvenil do Fluminense do Rio de Janeiro. Os irmãos também jogávam em um time amador de Jaraguari que sempre viajava para disputar torneios em outras cidades. Essa paixão pelo esporte não se transmitiu a Luan, que já se declarou torcedor do Corinthians, mas sem muita dedicação. Ele jogou pelada na infância, evidentemente, e até assistiu a um jogo do Corinthians em Campo Grande, em que seu time perdeu de 3 a 1 para o Botafogo do Rio. Aos 3 anos de idade, ganhou uma camisa do São Paulo, de um tio que não conseguiu transformá-lo em tricolor. Mais tarde, já famoso, mantinha em seu escritório camisas do Santos autografadas por Neymar e outros jogadores, assim como uma do Corinthians assinada por Ronaldo, Roberto Carlos e Mano Menezes. Mas não passa disso a sua ligação com o futebol, paixão dos tios e, principalmente, do avô paterno.

Além do futebol, seu José também gostava de um baralho e conseguia ganhar um dinheirinho nas apostas com os amigos. Mas o casal se separou quando Amarildo tinha 17 anos, e os irmãos foram morar com a mãe, que teve muita dificuldade para sustentar os filhos. Foi um período sofrido, às vezes a refeição era arroz, feijão e uma lata de sardinha. A saída, para o rapaz, era um emprego na capital, para deixar de ser um peso, já que da mágoa com o pai seria mais difícil se libertar. Amarildo culpava o pai pela separação do casal. E angustiava-se com a situação da mãe, responsável pela criação dos sete filhos. "Fiquei sim com um pouco de mágoa dele, pela maneira como tratou minha mãe. Mas era o jeito dele. Por exemplo, quando Luan fez um show para 15 mil pessoas em Londrina, onde a gente morava, levei um CD dele para o meu pai. Com dois dos meus irmãos do lado, entreguei o CD a ele, com toda a empolgação, e ele virou as costas, nem olhou. É como ele é, meio desligado, é o jeito dele. Eu tinha 17 anos quando se separaram e acho que ele carrega uma culpa."

A história dos pais reforçou ainda mais algumas convicções de Amarildo. Ele estava disposto a tudo para manter a futura família unida e proporcionar a ela um pouco mais de conforto, sem deixar de mostrar o valor do trabalho e do dinheiro. Tornou-se obcecado pela independência financeira. Aos 15 anos, trabalhou como servente de pedreiro, amassando barro para ganhar um dinheirinho. Em Jaraguari, como em quase toda cidade pequena, ou o rapaz trabalhava na prefeitura ou tinha que buscar alguma chance fora dali. Quase não havia comércio ou outras fontes de emprego. Na época, por exemplo, os dois únicos bares de Jaraguari eram tocados pelo próprio dono. Por isso, quando surgiu a oportunidade de trabalhar no banco em Campo Grande, Amarildo a agarrou com unhas e dentes. Começou como escriturário e em seis meses era chefe de seção. Logo começou a economizar, e quatro anos depois já tinha o suficiente para dar uma boa entrada no primeiro apartamento e financiar o restante, que pagou rapidamente. "Fui caminhando devagarzinho e sempre. Eu ganhava razoavelmente bem, fui promovido depressa e com dois anos no banco já gerenciava uma equipe de sete pessoas", lembra.

A chegada do primeiro filho estimulou Amarildo a dar o próximo passo: a compra de uma casa ainda por terminar, na rua do Livramento, bairro de Coronel Antonino, lá mesmo em Campo Grande. Mais uma vez, sacou as economias feitas com sacrifício, conseguiu outro financiamento e comprou a casinha. Logo Amarildo construiu uma edícula e uma churrasqueira no quintal, que tinha pés de laranja e uma horta, perfeito para criar uma criança. Na frente, havia um jardim. O próprio bairro estava no início da urbanização e as ruas não eram asfaltadas. Por todo lado, viam-se terrenos baldios e muito mato. Na frente da casa, cavalos pastavam tranquilamente.

Ainda bem pequeno, Luan gostava de pegar folhas de coqueiro e dar aos cavalos. São essas suas primeiras lembranças da infância, assim como uma motocicleta de brinquedo, de plástico: "Ela era bem tanga, bem rebinha [simples, barata], com uma roda na frente e duas atrás e um pedalzinho igual ao de velocípede. A motinha e os cavalos são relances, lampejos das minhas memórias mais antigas", lembra Luan. Um dia ele estava na moto e um primo que o empurrava exagerou na força. Luan bateu com a boca na parede da casa e quebrou o dente da frente: "Fiquei banguela, mas ainda bem que era dente de leite", ele conta.

5. Vida nômade

Durou pouco a permanência deles na casinha da rua do Livramento, que até hoje pertence a Amarildo e está alugada. Quem trabalha em banco está sempre sujeito a mudanças, caso queira subir na carreira. O curioso é que Amarildo só teve um emprego na vida, embora o banco em que trabalhou tenha mudado de nome duas vezes: de Nacional se transformou em Unibanco, em 1995, e cinco anos depois se fundiu ao Itaú. Ainda se chamava Nacional quando Amarildo foi convocado a trabalhar em uma agência em Manaus, no Amazonas, em 1993, quando Luan tinha 2 anos. Marizete lembra que, durante a infância do filho, foram tantas as mudanças que não dava para ter amigos por um período mais longo: "A gente nunca ficou muito tempo num lugar para ele se apegar a outros menininhos da rua, da vizinhança. Na hora que estava se apegando, a gente já ia para outra cidade, e demorava até fazer amiguinho de novo." Assim, os amigos de sempre eram os de Jaraguari e Campo Grande, os muitos primos e o "tio Max", irmão mais novo de Marizete, temporão, que era só dois anos mais velho do que o sobrinho e se tornou seu companheiro inseparável, quase um irmão. Mais tarde, Max acabaria trabalhando na área de divulgação da empresa criada para gerenciar a carreira de Luan, a LS Music.

Mas a questão é que Amarildo não poderia recusar a proposta do banco de se transferir de Campo Grande, a 20 minutos de carro de Jaraguari, para a distante Manaus. "Na época, tinha aquela coisa: se não aceita, perde a moral. Além disso, eu era gerente de serviços e iria ganhar um bônus bom, um salário a mais, aluguel pago. Não tinha como não aceitar. Fiz um acordo para que o banco me pagasse passagens de avião duas vezes por ano para Campo Grande. E só dava mesmo para ir de avião, não tem estrada até hoje. De Campo Grande até lá, são quase 3 mil quilômetros. Aí fomos embora, sem conhecer, sem ideia de como a vida seria", lembra Amarildo. "O bom é que Marizete sempre estava do meu lado, parceira, aquela coisa de companheira mesmo, se você for eu vou junto."

Estabeleceu-se então a nova rotina na cidade desconhecida, Amarildo trabalhando no banco e Marizete cuidando do "Luanzinho", pois os pais preferiram mantê-lo em casa a matriculá-lo em uma creche. De repente, outra grande novidade: Marizete estava grávida. Mais um motivo de felicidade para o casal. Mas durou pouco a paz em Manaus. Já em 1994 o pai de Marizete foi diagnosticado com câncer no pulmão e ela voltou a Campo Grande, com Luan a tiracolo. Amarildo permaneceu na capital do Amazonas até o começo do ano seguinte, tempo para que conseguisse a transferência de volta, no cargo de gerente de negócios. Seu Aristides morreu em 21 de abril de 1995, no feriado de Tiradentes, o que abalou a todos. O pai de Marizete faleceu com 44 anos, cedo demais para quem nunca tinha tido outra doença, nunca passara por uma operação nem havia ido ao médico. Luan ainda era pequeno e não guardou na memória muita coisa do episódio, mas depois, com o sucesso, a pedido da mãe, sempre destinou todo o lucro da venda de CDs e DVDs a hospitais que tratam pacientes com câncer, em homenagem aos avós maternos — a mãe de Marizete, Ivanir, morreu da mesma doença.

Menos de duas semanas depois da morte do pai de Marizete, em 3 de maio de 1995, nasceu Bruna, a segunda filha do casal, que completou a família Santana — uma grande perda e um grande ganho, quase simultâneos. Eles haviam voltado para a mesma casa da rua do Livramento, então alugada para um amigo de Amarildo, que concordou em desocupá-la. Tudo corria bem no banco nos primeiros meses em Campo Grande até o susto provocado pela venda do Nacional para o Unibanco, em novembro de 1995, e o medo de perder o emprego. Mas Amarildo permaneceu no cargo e em 1998 foi promovido a gerente-geral de agência. Para isso, no entanto, teria de ir para Ponta Porã, a 330 quilômetros de sua cidade, vizinha de Pedro Juan Caballero, na complicada fronteira com o Paraguai, na época mais conhecida pelo tráfico de drogas e contrabando de armas do que como um bom lugar para criar dois filhos pequenos.

"Por um lado foi bom, porque meu salário aumentou e ganhei outros benefícios, mas Ponta Porã era barra-pesada mesmo. Mesmo assim decidi encarar, até porque não tinha opção. Fomos morar num bom apartamento duplex e matriculamos o Luan numa escola perto dali. Mas era complicado. De vez em quando eu estava na rua e alguém dizia: tem um cadáver ali. Eles matavam de um lado da fronteira e jogavam o corpo do outro lado. Para se ter uma ideia, meu primeiro desafio na agência foi encerrar 33 contas por lavagem de dinheiro do outro lado da fronteira", lembra Amarildo. A sorte é que essa vida tensa só durou dois anos.

Na rotina de nômades dos membros da família Santana, estava reservada mais uma mudança, em 2000, dessa vez para Assis, no interior de São Paulo, quase divisa com o Paraná. E lá se vai Luan para mais uma etapa, começar tudo de novo: uma nova casa, uma escola diferente, a necessidade de fazer amizades e de se adaptar a um ambiente desconhecido — de alguma forma, talvez, essa vida estradeira tenha influenciado suas composições e facilitado a adaptação a seu ritmo atual, cada dia em uma cidade diferente. Para Amarildo, profissionalmente, foi bom: salário melhor, novo bônus, a poupança crescendo dia a dia, como ele sempre planejou. Para Luan, um avanço importante: foi em Assis que ele teve as primeiras aulas de violão, aos 9 anos, e com isso enriqueceu o gosto que sempre havia demonstrado pela música.

6. Ninguém esquece o primeiro violão

Marizete conta que perguntava ao filho pequeno o que ele queria ser quando crescesse e a resposta era sempre a mesma: cantor. "Nunca tentei colocar isso na cabeça dele, e aconteceu muito depressa, tanto que nem deu tempo de pensar no que ele seria se não fosse cantor", diz Marizete. Ela conta que Luan sempre teve facilidade para aprender as músicas que ouvia nos discos, no rádio e na televisão: "Ele decorava as músicas, algumas com letras enormes, e cantava com ritmo. Eu cantava um pouquinho com ele também." Luan confirma a lembrança da mãe. Diz que, aos 2 anos, já conhecia algumas músicas sertanejas antigas que o pai gostava de ouvir. Amarildo tinha muitos discos de Milionário & José Rico, Duduca & Dalvan, João Mineiro & Marciano, Zezé di Camargo & Luciano, Chitãozinho & Xororó, Leandro & Leonardo, Bruno & Marrone e outros do gênero. Também gostava muito de Roberto Carlos, e foi com essa trilha sonora que Luan deu os primeiros passos na vida, sempre atento aos discos do pai. Ele ouvia uma música duas vezes e já decorava a letra. "Era 'Chico Mineiro', 'Cabocla Tereza', de cantores como Tonico & Tinoco, esse povo aí, e eu sabia todas de cor. Minha família sempre foi muito sertaneja. Nas reuniões que a gente fazia, nas festinhas no quintal de casa, sempre rolava um violãozinho com música sertaneja, e eu ficava ali do lado, prestando atenção. Meu pai sempre foi metido a tocar violão e a cantar, e eu peguei isso", conta Luan. De fato, Amarildo chegou a participar de concursos musicais na escola, cantando músicas como "O vira", do grupo Secos & Molhados. E cantava bem? "Eu achava, mas imagino que o povo não", brinca Amarildo.

Marizete confirma que, nos churrascos que faziam em casa, compareciam os parentes e sempre havia um violão por perto. Enquanto as outras crianças brincavam e corriam, Luan ficava ao lado de quem tocava, curioso, atento. "Isso desde muito cedo. Ele sempre gostou muito de música, foi uma coisa que partiu dele. Era dele mesmo, entende? Se ele tinha oportunidade de pegar um violão e cantar, para ele era um prazer enorme. É lógico que todo mundo achava bonitinho, né? Aquela coisinha pequena pega um violão maior do que ele e já quer tocar as notinhas dele. Os tios e os avós ficavam babando, achavam lindo. Isso acontece com muitas crianças e geralmente não dá em nada. Ele não, ele persistiu e sempre falou que ia ser cantor."

O avô de Marizete por parte de mãe, Sebastião, tocava violão sem nunca ter tido professor. Tios, primos e outros parentes também sempre estavam com um violão por perto, mas nunca houve ninguém que se destacasse. Em Assis, Luan teve aula de violão durante seis meses e pegou gosto. Tocava sempre que possível e não tinha receio de se apresentar em público, nos festivais da cidade.

Outra coisa que explica a paixão do menino pela música foi o presente que ganhou no Natal de 1993, menos de três meses antes do seu aniversário de 3 anos. Na noite de 24 de dezembro, Amarildo disse a ele: "Acho que o Papai Noel deixou alguma coisa para você lá no seu quarto." Luan se lembra da cena até hoje: "Fui ao meu quarto, procurei por todo lado e achei um embrulho enorme debaixo da minha cama. Abri e era um violão, que tenho até hoje, menor do que os violões normais, bem pequeno mesmo, um tamanho entre um violão e um cavaquinho. Quando me abaixei e vi, nossa, fiquei muito feliz. Acreditei mesmo que o Papai Noel tivesse deixado pra mim. Foi o melhor presente que ganhei na minha vida, o melhor, sem dúvida alguma. Eu ficava lá sentado no sofá, a televisão ligada, com o violão no colo, mexendo nas cordas sem saber tocar. Eu era pequenininho, meus dedos não conseguiam apertar as cordas, mas eu ficava sentindo o instrumento e viajando nos sons que eu tirava, sem saber nada de música."

Era um modesto Tonante 101, fabricado pela Tonante Indústria de Instrumentos, em Itupeva, interior de São Paulo, que Amarildo comprou na loja A Primorosa, em Campo Grande, por alguma coisa em torno de R$ 150. Até hoje o violãozinho continua no quarto de Luan, faltando a corda sol e um pedacinho de madeira do corpo, totalmente desafinado. Não é mais tocado, já que Luan tem agora o que de melhor os luthiers conseguem fazer, mas foi fundamental na formação de uma criança de 2 anos que no Natal ganhou um violão em vez de uma bola de futebol.

Com o Tonante 101, Luan descobriu o que queria ser. Sozinho, com os amigos ou com a prima Glória Lhisley Santana Neves, que chama de Gogó, ele pegava o violão e cantava músicas sertanejas que havia decorado, algumas tão longas que causava espanto. Uma de suas preferidas era "Antigo aposento", de Délio & Delinha, cuja letra dizia: "Sofri tantos desenganos que nem gosto de lembrar, / perdi minha mocidade após tanto sofrimento, / ao meu antigo aposento regressei pra descansar." A letra era enorme, e Luan a cantava inteira, sem ter a menor ideia do tema dramático. A família gostava muito daquilo, admirava a habilidade do guri em decorar letras tão extensas, mas não levava a sério, até porque Luan não era uma criança problemática ou diferente das outras. Ou seja, não precisava do excesso de atenção que se dedica aos filhos difíceis.

Luan era um garoto normal até demais. Na escola, não fazia parte da "turma do fundão", mas também não estava entre os primeiros da classe: "Eu era da turma do meio", diz. Gostava de jogar futebol, de andar de bicicleta, de construir seus próprios brinquedos, como as vaquinhas de sua "fazenda", feitas com palitos enfiados em mangas verdes, além de inventar brincadeiras perigosas, como a "pipa de cigarra" e a "pesca de aranha", escondido dos pais. A primeira brincadeira era meio cruel: capturavam uma cigarra e a amarravam em uma linha para que ficasse voando em círculos, tentando escapar. Na segunda, grudavam um chiclete mastigado na ponta de um galho e enfiavam em buracos onde havia aranhas caranguejeiras, para que os pelos delas se prendessem ao chiclete. É bem provável que, até hoje, Amarildo e Marizete não suspeitem de que era assim que Luanzinho, o tio Max e os amigos se divertiam no quintal da casa em Campo Grande. Luan também pescava e nadava nos córregos e nas cachoeiras que ficavam perto de Jaraguari. "A gente pegava as varas de pesca e ia até a ponte do córrego, levando uma panelinha, óleo e fósforo. Pegava uns lambarizinhos, fazia uma fogueira, fritava e comia ali mesmo, no mato. Era muito legal", diz Luan. Foi também em córregos e cachoeiras que ele aprendeu a nadar.

Porém, essas brincadeiras típicas de moleques soltos, cheios de liberdade e sem o controle e as limitações que predominam hoje nas cidades maiores, perderam a disputa com o Tonante 101, um violão que não entraria em nenhum ranking de qualidade, baratinho e hoje cheio de arranhões e sem condições de ser tocado. Mas que teve um papel importante para estimular um talento musical definitivo e que passou a ocupar um espaço cada vez maior na vida do menino Luan. Hoje, o Tonante fica pequeno nas mãos dele, mas na infância parecia enorme para o guri. Luan mal conseguia segurá-lo, muito menos fazer as posições e tocar direito.

Numa velha fita VHS gravada por Amarildo, ele tenta tocar o violão e repete, como se fosse um verso: "O violão tá pesado, tá pesado..." A prima Gogó, que morava a dois quarteirões de distância, ia quase todos os dias à casa dele e levava discos da Xuxa e de Sandy & Junior. Na sala, havia um barzinho todo espelhado e um tapete peludo, que era o "palco" dos dois.

Glória fazia a voz de Sandy, Luan fazia a de Junior e os dois passavam horas cantando na frente do espelho. Glória conta que ele pegava uma colher e fingia que era o microfone. Sem a colher, ele não cantava de jeito algum. Segundo Glória, até hoje a ficha não caiu para ela: fã apaixonada do primo, ela chora toda vez que o vê na TV. Diz que o coração bate mais forte, a perna treme e ela se arrepia toda.

7. A grande surpresa

Sempre com o Tonante a postos, Luan chegou a Assis em 2000, e Amarildo o matriculou em seu primeiro curso de violão, com o professor Adelson, que logo disse que o garoto tinha algo diferente, uma voz muito afinada para a idade, bom ritmo e facilidade para aprender os acordes. As aulas eram particulares, na casa da família Santana, e Luan pegou gosto. Em julho, foi de férias para Campo Grande e, ao voltar a Assis, soube que o professor Adelson havia falecido, por causa de uma complicação em uma cirurgia simples, de apendicite. Ele então se matriculou em outra escola de violão, com um professor mais clássico, que ensinava a ler partituras, mas as aulas duraram apenas dois meses.

Em 2001, quando Luan tinha 10 anos, um amigo de Amarildo, dono de uma rádio em Assis, sugeriu que o garoto gravasse algumas músicas, "um cedezinho" que até hoje é conservado pela família. No início da gravação, um locutor da rádio fez uma homenagem a Aristides, pai de Marizete, que era chamado de seu Lola. Luan cantou doze músicas, um repertório variado, que ia de Nara Leão a Leandro & Leonardo e João Paulo & Daniel. Amarildo fez algumas cópias, improvisou uma capa e distribuiu o CD para amigos e parentes de Campo Grande. Para imensa alegria do garoto, logo algumas pessoas estavam ouvindo Luan nos rádios dos carros e em casa e dizendo que ele era muito afinado. Em Assis, Luan também foi a um programa de TV de um canal local, deu entrevista e cantou ao vivo. Além da música, jogava futebol na quadra do prédio e videogame — na época um Atari —, paixão que permaneceu por muitos anos, até depois do sucesso, quando sempre levava seu Playstation 3 nas viagens.

Em 2002, o banco onde Amarildo trabalhava o designou para outra agência, dessa vez em Maringá, noroeste do Paraná, para mais uma etapa da vida cigana da família, outro ciclo de readaptação do pré-adolescente Luan. De novo outro lugar, outros amigos, quase uma rotina. Aos 11 anos, ele voltou a se matricular em nova escola de música, estudou em dois colégios diferentes em dois anos, mas em compensação teve a oportunidade de cantar em um palco, como já havia feito em Assis. Participou de festivais no Colégio Marista de Maringá e venceu alguns deles, e até apareceu em programas locais da Record e do SBT e em algumas rádios. Durante quase um ano, Luan acordava cedo aos domingos e ia a uma rádio AM de Maringá cantar e ler mensagens em um programa católico apresentado pelo professor Belotti e sua mulher, nos intervalos das orações. Não ganhava nada, mas ficava feliz em poder tocar violão e cantar. Ainda sem ter consciência, encaminhava-se para o lugar que sempre quis, o palco.

Logo depois de completar 12 anos, Luan soube que teria de mudar novamente de cidade, mantendo a média de menos de dois anos em cada lugar — e ainda tem gente que imagina que vida de bancário é tediosa. Mas dessa vez a transferência era mais do que bem-vinda, era a volta à cidade natal. Em julho de 2003, Amarildo conseguiu que o Unibanco o indicasse para assumir a gerência de uma nova agência em Campo Grande. Foi morar em um apartamento pago pelo banco, enquanto a casa da rua do Livramento continuava alugada, para reforçar a poupança. Seguiu-se então um período de relativa normalidade, e Luan finalmente pôde conviver com os muitos primos e, principalmente, cantar bastante. Foi matriculado no Colégio Nossa Senhora Auxiliadora, uma escola católica dirigida por freiras, e cantava nas missas. Também participou de vários festivais de música, sempre sem receber nada, na verdade gastando um pouco do dinheiro suado do pai.

O primeiro cachê, pelo menos de conhecimento de Luan, apareceu quando Cláudio, um amigo de Amarildo, pediu que ele levasse o garoto para cantar em um almoço beneficente que seria realizado no bairro Estrela do Sul, em Campo Grande. Amarildo, então, teve uma ideia: Cláudio daria a Luan R$ 50, do bolso do pai, e diriam que o dinheiro era o pagamento pela apresentação. A brincadeira cresceu e a irmã Bruna, então com 10 anos, reuniu as primas e dançaram no palco durante a apresentação — eram as "luanetes", que na época nem de longe suspeitavam que estavam criando um termo que, não muito tempo depois, seria adotado por fãs do Brasil inteiro, algumas das quais chegaram a tatuá-lo na pele. No fim do show, Cláudio entregou os R$ 50 a Luan, que demorou cinco anos para descobrir a verdade, quando Amarildo contou a história no programa do Faustão, na Rede Globo. Mas o que de fato importou foi a alegria do garoto, que se sentiu importante demais e orgulhoso ao comprar um tênis com seu próprio dinheiro, ganho em um palco.

O melhor de tudo é que o show foi assistido por Cacá, um amigo de Luan, que insistiu para que ele gravasse algumas músicas para, quem sabe, conseguir que tocassem nas rádios. Cacá tinha um argumento forte: era dono de um equipamento de gravação, bem simples, na verdade, mas mesmo assim com dois microfones, para voz e violão, o que era mais do que Luan sempre tivera. Disse que Luan tinha futuro e seria o empresário dele. A oportunidade para que se realizasse esse plano de adolescente surgiu em uma festinha familiar, em Jaraguari — tinha de ser lá —, quando os primos e tios de Luan insistiram para que ele cantasse algumas músicas e que alguém gravasse a apresentação, todos encantados com o jeito dele no palco, querendo dar uma força. Luan tinha 14 anos e, apesar da idade, já sabia o que era autocrítica. Dizia que ainda não era a hora certa, que a voz dele estava mudando e era melhor esperar mais um tempo, uns seis anos, pelo menos. "Deixa quieto de gravar agora", disse Luan. "Mas os parentes ficavam cobrando e acabei concordando em cantar nessa festa em Jaraguari, no Sindicato Rural, para umas cinquenta pessoas. O lugar não tinha nem palco, nada para gravar alguma coisa direito", conta.

Cacá tinha espírito de empresário e não perdeu tempo. Cobrou ingresso dos convidados e gerenciou a venda de bebidas, para pagar os R$ 200 de aluguel do clube. No dia da festa, Luan conheceu Roni, um violonista que tocava com Marcos & Adriano, uma dupla sertaneja de Jaraguari, e se ofereceu para acompanhá-lo na gravação. Uma semana antes, Luan havia conhecido Elizandra Santos, uma compositora de Campo Grande que lhe mostrou oito músicas de sua autoria, entre as quais "Falando sério" e "Faz de conta". Elizandra chegou a sugerir que eles comprassem os direitos das músicas, a R$ 100 cada, mas Amarildo e Luan achavam que tudo era ainda uma brincadeira que não iria adiante. Então tudo foi feito na boa-fé de ambas as partes. Começou o show e Luan cantou onze músicas, algumas das quais compostas por ele, começando por "Falando sério". Mas quase nada deu certo.

No começo da gravação, Luan cumprimenta o público sem muita firmeza: "Boa noite, Jaraguari." Logo em seguida, é possível ouvir o "toimmm" de uma corda arrebentando, a mais fina, o "mizinho" do violão Giannini que Luan havia comprado havia pouco tempo. No CD, dá para ouvir Luan pedindo socorro ao pai: "Mone, pelo amor de Deus, arruma uma corda pra mim aí! Não tem? Ih, então dançou, já era, acabou a gravação." Mas o amigo Cacá conseguiu a corda e foi feita a troca. Também dá para ouvir Luan se explicando: "Desculpa aí, gente, arrebentou a corda do violão, mas é isso, acontece, muito obrigado pela presença de vocês, vamos pro show", e começa com "Falando sério". É engraçado ouvir um menino de 14 anos cantando uma música cuja letra diz que a garota não tem limite nem hora e telefona para brincar com os sentimentos dele, fazendo propostas que o deixam apavorado, mas que mesmo assim ele precisa daquele amor e quer amá-la a noite inteira.

Quem menos gostou do resultado foi o próprio Luan. Quando Cacá lhe mostrou a gravação, Luan falou na hora para o amigo: "Rapaz, se eu te pedir um negócio você faz pra mim? E Cacá: 'Faço, claro, tranquilo.' E eu falei: então joga fora esse CD, joga no lixo, pelo amor de Deus. O Cacá, que tinha uns 20 e poucos anos, disse que não, que tinha ficado legal. Mas eu peguei o CD e quebrei na hora, na frente dele. 'Cara, não faz isso, pelo amor de Deus, ficou massa', ele falou. Não, Cacá, ficou muito ruim, olha a chiadeira. A aparelhagem que nós levamos era ruim demais. Vamos fazer outra festa e a gente grava outro CD. Joguei no lixo e esqueci", lembra Luan.

O que ele não sabia é que havia outras cópias, e uma delas chegou a um garoto de Dourados que tinha o apelido de Salsicha. Ele e Luan não se conheciam, mas mesmo assim Salsicha postou "Falando sério" na internet, sem repercussão no início. Demorou mais de um ano até que Marcelino, um amigo de Luan, disse que tinha ouvido a música dele no rádio de um carro, na avenida Afonso Pena, uma das principais de Campo Grande. "Como assim?", duvidou Luan, na certeza de que tinha destruído o CD. Mas Marcelino foi firme: "Era a sua voz, cara." A conclusão era óbvia: alguém tinha feito uma cópia e a divulgara no YouTube. As pessoas começaram a baixar a música e a ouvir nos computadores e nos carros.

Luan ficou dividido. De um lado, sentiu-se orgulhoso e envaidecido em saber que pessoas desconhecidas gostavam de uma música cantada por ele. Afinal, era o que sempre disse que queria fazer, desde garotinho. Por outro lado, tinha vergonha da péssima qualidade da gravação, feita a contragosto, sem recursos técnicos e em condições inadequadas. Ele sempre foi seu crítico mais rigoroso. Acima de tudo, foi uma grande surpresa, pois achava que aquele era um capítulo encerrado. Tinha decidido que iria dar um tempo na carreira musical, crescer um pouco mais, esperar que a mudança de voz da adolescência se completasse. Parou de compor, passou a se concentrar nas aulas do ensino médio e na rotina de adolescente, decidido a encarar a música apenas como um prazer pessoal, sem objetivos profissionais, pelo menos por um bom tempo.

Por último, ainda não esquecera os comentários impiedosos que ouvira quando gravou o tal CD na festa no Sindicato Rural de Jaraguari. "Esse moleque é fanhoso, nem mudou de voz ainda, tem vozinha de criança, de taboca rachada, e já quer cantar sertanejo", disseram, sem dó. Falaram que ele cantava "que nem uma vitrolinha velha". Isso doeu no garoto de 14 anos, que teve ali a primeira e dura lição das consequências da exposição pública. Foram as primeiras das incontáveis críticas que receberia ao longo da carreira, mas ele não sabia disso e não tinha a menor ideia de como lidar com a rejeição. Com seu temperamento reservado, um pouco tímido com quem não conhecia, ele optou por se recolher, parar por um tempo, disposto a não passar de novo por uma situação como aquela.

Com o tempo, aprenderia a aceitar melhor as críticas, mas, de fato, nunca deixaria de se magoar. "Ligar para as críticas eu ligo, não dá para negar, mas descobri que tenho de relevar, respirar fundo e esquecer. É claro que a gente não esquece, sempre fica ali guardado. Mas aprendi a olhar pra frente, a entender que o que tenho de fazer é provar ao cara que falou mal que ele está errado. Costumo ver essas críticas como um estímulo para seguir adiante. Mas naquela vez em Jaraguari doeu, porque eu era muito garoto, e foi duro aceitar. Minha cabeça ainda não estava acostumada com esse tipo de crítica, às vezes bem maldosa. Algumas críticas eu vejo de um lado positivo, mas outras querem é me jogar para baixo, e aí faço disso o meu estímulo e vou em frente", ele afirma.

8. Boa noite, Bela Vista

O fato é que a música de Elizandra Santos cantada por Luan começou a cair no gosto das pessoas. "Falando sério" se espalhou na internet. Era ouvida em iPods e MP3. Só que, para sua surpresa, o cantor era identificado como Gurizinho. "Gurizinho, cara? De onde tiraram isso, se eu nunca tive esse apelido? E justamente na primeira vez em que uma gravação minha aparece no YouTube eles não põem meu nome?", surpreendeu-se Luan. Era ele cantando, sem dúvida alguma, mas Gurizinho? Ainda por cima, "Gurizinho de Jaraguari"? Isso lá é nome de artista? Tudo porque, no início da música, ouvia-se aquele "Obrigado, Jaraguari" com que Luan iniciara a gravação. O Gurizinho, na verdade, não era para ser um nome próprio. O Mato Grosso do Sul foi desbravado por migrantes, principalmente mineiros, goianos e sulistas, e estes últimos levaram para lá o termo "guri" para se referir a garoto, moleque. A identificação do cantor era, portanto, algo como "moleque de Jaraguari".

O pior é que pegou. Foi duro se livrar do apelido indesejado, principalmente porque Luan teve de aceitar o Gurizinho no material de divulgação dos primeiros shows, pois era assim que o público o conhecia. "Já pensou um cantor chamado Gurizinho? Não vira, não rola. Só que no começo a galera não sabia quem era Luan Santana, mas sabia quem era Gurizinho. Por isso, quando começamos a fazer shows, tinha de ter um cartaz anunciando 'Luan Santana, o Gurizinho'. Eu não gostava, mas não tinha outro jeito, senão o povo não saberia quem era e não iria ao show. Com o passar do tempo, as pessoas foram se acostumando e finalmente acabou ficando só Luan Santana", ele conta.

De qualquer jeito, a música viralizou no YouTube e começou a ser usada até como ringtone. Luan conta que, de repente, entrava em uma loja ou em um supermercado, tocava um celular do lado e era ele cantando. Em um ano, atingiu 300 mil acessos na internet, o que era uma proeza e tanto na época, considerando a má qualidade da gravação e o fato de ser um cantor desconhecido. Além do mais, isso ocorreu entre 2005 e 2006, quando o Facebook ainda não havia chegado ao Brasil, nem sequer se falava em redes sociais. Luan então foi conversar com o pai para saber o que poderiam fazer, já que não dava mais para ignorar que uma gravação sua estava "bombando" na internet, fora do seu controle. Nenhum dos dois, pai e filho, tinha a menor informação a respeito do meio musical e de direitos autorais e direitos de execução. Amarildo não se empolgou muito, apesar de ter adorado ver o filho "fazendo sucesso", e disse a Luan para deixar de lado: "Larga a mão, deixa correr, tem muita vida para tocar", aconselhou.

Só que já não dependia mais deles. As rodas da engrenagem estavam girando rapidamente, de forma insuspeita, e o primeiro sinal foi um estranho telefonema atendido por Luan na casa da rua do Livramento, em Campo Grande, em julho de 2007. Quem ligou se identificou como Douglas, radialista em Bela Vista, uma cidade de fronteira no extremo sudoeste do Mato Grosso do Sul. Disse que, além de trabalhar na rádio local, organizava shows de música e queria falar com o Gurizinho. O sinal de alerta de Luan foi acionado na hora: "Gurizinho? Cara, eu acho que é comigo mesmo que você quer falar, porque tem uma música que eu gravei e está na internet com o nome de Gurizinho, mas sou eu quem canta, Luan Santana, esse é o meu nome." Douglas respondeu: "Tá só na internet? Que nada, rapaz! Tá bombando nas rádios daqui de Bela Vista, tá todo mundo ouvindo, e o povo quer que você venha fazer um show aqui." "Bombando nas rádios? O que é isso, cara?", espantou-se Luan. "Fazer show? Eu não sei fazer show não, eu não sou músico profissional, nem tenho banda. Foi um acidente essa música estar na internet, está tocando nem sei por que, a gravação é ruim demais. Eu gravei por acaso e ficou muito ruim." Douglas não desistiu: "Que nada, rapaz, está tocando o tempo todo nas rádios daqui e quero um show seu. Vai lotar, vai dar mais de mil pessoas." Luan ainda não acreditava: "Mil pessoas? Você está louco! E onde é Bela Vista?" "Fica a quase

300 quilômetros de Campo Grande." "E como é que vou aí? Faz o seguinte: liga à noite, quando meu pai sair do banco e estiver aqui em casa", disse Luan, para encerrar a conversa.

Para Luan, as horas que se passaram até a chegada de Amarildo e o novo telefonema de Douglas foram algumas das mais longas de sua vida. "Como assim?", ele pensava. "Minha música bombando nas rádios? Depois de tanto tempo, logo agora que eu larguei mão?" A ansiedade durou até que Douglas cumpriu o que prometera e o telefone tocou na casa de Campo Grande. Era uma sexta-feira, dia que Amarildo reservava para tomar uma cerveja e relaxar da semana no banco. Ele estava sentado com Marizete na cozinha, com sua cerveja. Atendeu ao telefone e já ouviu Douglas dizer que queria fazer um show com Luan em Bela Vista. Amarildo repetiu o que o filho havia dito, que não tinha como fazer um show, o guri era só um estudante que havia gravado uma música que não dera em nada. Douglas não quis saber e perguntou quanto custaria um show de Luan Santana, o Gurizinho. "Eu falei: bicho, paga a gasolina do carro e uma cervejinha para nós e estamos fechados, levamos ele aí para cantar", respondeu Amarildo. Douglas disse que daria para pagar R$ 500 de cachê. Luan estava com 16 anos e a decisão rápida de Amarildo foi muito mais uma maneira de deixar o filho feliz do que um instinto profissional, de achar que haveria ali uma oportunidade real de uma carreira.

Evidentemente, a família ficou eufórica. Um show de verdade, com cachê de R$ 500, em uma cidade distante, a música bombando na rádio! Era novidade demais para um dia só. Marizete, com senso prático, pôs ordem na casa: "Antes de mais nada, temos que procurar a Elizandra", afirmou, lembrando que a música divulgada na internet, "Falando sério", era da compositora, que deveria ser procurada para autorizar a apresentação. Elizandra Santos, uma moça de cabelos louros e lisos nascida em Aquidauana, cidade do Mato Grosso do Sul a pouco menos de 300 quilômetros da capital, tinha 31 anos e trabalhava em um estúdio de gravação chamado Vox, em Campo Grande. Marcaram um encontro em uma pizzaria, e a conversa rolou entre fatias de muçarela e calabresa. Além de adorar a ideia de Luan tocar sua música em um show, ela foi mais longe: queria ser empresária dele. Os dois dividiriam os lucros e, no show, ela também cantaria algumas de suas músicas.

Antes de qualquer coisa, eles precisariam montar uma banda, rapidamente, porque o show em Bela Vista seria em agosto, a menos de um mês. A primeira ideia foi convidar os músicos da dupla Robson & Juliano, dali mesmo de Campo Grande, que fariam o show principal em Bela Vista. Como os músicos já estariam lá, tudo se resolveria mais facilmente. A banda era formada por um baixista, um guitarrista, um baterista e um sanfoneiro. Luan lembrou que seu amigo Marcê, que tinha uma dupla com um rapaz chamado Felipe, conhecia os músicos. Marcê foi atrás deles e se ofereceu para participar do show, tocando violão, para dar uma força a Luan.

A negociação não correu como eles esperavam. Os músicos que acompanhavam Robson & Juliano toparam a ideia, mas queriam ganhar R$ 150 cada um e só tocariam na primeira parte do show. Os R$ 150 foram reduzidos para R$ 100, mas restou o problema do que fazer na segunda parte da apresentação. "E aí eu faço o que, sozinho no palco?", questionou Luan. Marcê não queria deixar a bola cair: "Sem problema, eu te acompanho, a gente escolhe umas músicas mais tranquilas e diz que vai fazer um momento acústico." E assim foi, apesar do lamentável resultado financeiro previsto por Amarildo, acostumado a fazer contas rápidas no banco: quatro músicos ganhando R$ 100 cada um deixariam o cachê de R$ 500 reduzidos a R$ 100, que teriam de ser divididos entre Luan e Elizandra. Ou seja, prejuízo certo. Mas, pensou Amarildo, nessa altura o que vale mesmo é a alegria do moleque. "Vamos nessa", decidiu.

Luan ficou chateado com a exigência dos músicos, que já estariam mesmo no palco em Bela Vista e não eram nada famosos, mas diz que hoje até entende: "Eles não acreditavam em mim. Eu era um moleque magrinho de 16 anos, com um bracinho dessa finura, que vestia umas rouponas largas, sem estilo nenhum, querendo cantar sertanejo e tal, sem ser dupla. E aqueles músicos já eram profissionais", contemporiza.

Bem cedo, logo que amanheceu aquele dia 11 de agosto de 2007, depois de muita expectativa, a família Santana partiu na van que Amarildo havia alugado para a viagem de 268 quilômetros de Campo Grande a Bela Vista. Ninguém quis deixar de ir. Na van, estavam Luan, o pai, a mãe e a irmã Bruna, então com 12 anos, mais o amigo Marcê e a compositora e agora empresária Elizandra. No hotel humilde em Bela Vista, o melhor da cidade, Luan e Marcê ficaram no mesmo quarto, eufóricos, felizes da vida, sentindo-se superstars da música sertaneja. E logo avisaram: vamos rodar a cidade, ver o povo, sentir o clima, para desconsolo da superprotetora Marizete, que insistia para que Luanzinho fosse tirar um cochilo e descansar um pouco antes do show. Prevaleceu sua vontade e os dois garotos ficaram no hotel, Luan preocupadíssimo, imaginando tudo o que poderia dar errado: "Será que serão mesmo mais de mil pessoas? Como me apresentar, como falar com as pessoas, como me movimentar no palco? E o pior: já pensou se eu errar uma letra? Era um pesadelo, coisa demais."

Foi um dia cheio, repleto de novidades, do começo ao fim. Além da viagem, Luan sentiu, pela primeira vez, e para sua imensa surpresa, o que era ser um ídolo popular. Já havia passado da hora do almoço quando saíram do hotel e procuraram um lugar para comer. Encontraram um restaurante aberto, bem simples, e marcaram um encontro com Douglas, que não conheciam pessoalmente. Quando ele chegou, já houve um impacto: o carro do radialista estava coberto de adesivos anunciando o show de Luan Santana, o Gurizinho de Jaraguari. "Já ficamos felizes aí, né, pai", lembra Luan, que ri de outra cena absurda: com um tapa amigável nas costas, Douglas cumprimentou Marcê, que estava com um pedaço de frango na boca. O amigo de Luan engasgou, ficou com um osso preso na garganta e não conseguia respirar.

A primeira impressão de Douglas não foi nada boa. Quando ele viu aquele grupo, sem nenhum sinal de que ali estava um ídolo popular "bombando nas rádios", quase cancelou o contrato. Na verdade, não havia nenhum contrato, tudo havia sido combinado na conversa informal ao telefone. Amarildo recorda: "Tempos depois, o Douglas me falou que achou tudo mambembe demais. O Marcê engasgado, eu de bermuda e tênis e do meu lado um moleque magrinho e desajeitado. Ele disse que pensou assim: 'É esse o cantor que contratei?' Foi engraçado." Mas na hora Douglas não deu pista do que achava e encheu a bola de Luan. Disse que por ali na região de Bela Vista só dava o Gurizinho. "Não tem Zezé di Camargo & Luciano, não tem Bruno & Marrone, não tem pra ninguém. Só dá o seu guri, pode acreditar." Amarildo confessa que não acreditou, de jeito nenhum, mas ficou firme.

Então aconteceu o mais inesperado de tudo, o que deixou Luan balançando, sem jeito e com os olhos brilhantes. Sabe-se lá como elas souberam, um bando de adolescentes invadiu o restaurante, atrás do Gurizinho. Choque total. De um lado, uma Marizete assustada e um pouco enciumada do seu "bebê"; de outro, Amarildo sorrindo orgulhoso; e, no meio, um garoto de 16 anos assustado e deslumbrado. As meninas o agarraram e abraçaram, pediram autógrafos e tiraram fotos com ele. Autógrafos! Os primeiros da vida de Luan. "Meus olhos foram ficando deste tamanho. Eu não sabia como reagir, o que fazer. Olhava para a minha mãe, para o meu pai, e a gente ficava se perguntando o que estava acontecendo, o que era aquilo. A gente não entendia nada." Mas estava apenas começando. Assim como os autógrafos e a agarração, o próximo compromisso seria uma entrevista em uma rádio, a primeira na vida de Luan como "cantor profissional".

O curioso é que o estúdio da rádio ficava do outro lado da fronteira. Bela Vista está bem na divisa do Brasil com o Paraguai, nas margens do rio Apa. Do outro lado do rio, fica a quase homônima Bella Vista. A Bela Vista brasileira, com 23 mil habitantes, muitos rios, cachoeiras e lagoas, é um lugar essencialmente fluvial e pouco conhecido, que ainda não conseguiu explorar suas interessantes atrações turísticas. A rádio ficava na Bella Vista paraguaia, e na porta já havia um batalhão de fãs afoitas, esperando o Gurizinho. Já não restava dúvida na família Santana: alguma coisa estava mesmo acontecendo. Alguma coisa da qual eles até então não tinham a menor ideia. Para completar, o surpreendente Douglas provou que era bom de serviço e organizou uma carreata com buzinas e fogos de artifício nas principais ruas de Bela Vista. "Sinceramente, eu fiquei assustado. Não sabia o que fazer, nunca tinha visto esse tipo de coisa e não tinha ideia de como lidar com aquilo. As meninas chegavam e diziam: 'Ai meu Deus, eu te amo, estava esperando tanto você vir aqui.' Foi impressionante", lembra Luan.

Finalmente, chegou a hora do show, todos a mil por hora, em um dia que parecia interminável. Era quase impossível admitir que tanta coisa acontecera desde que saíram de Campo Grande pela manhã. E o principal estava por vir. O lugar da apresentação era meio estranho, o Clube Rufino, do exército, que mais parecia um galpão, um palco minúsculo sem nenhum recurso de iluminação, com equipamento de som deplorável. Quem menos gostava da situação era a dupla Robson & Juliano, supostamente a atração principal, mas que não entendia por que toda a atenção estava voltada para aquele moleque que nem banda própria tinha. Tanto que, no fundo do palco, havia um banner de Robson & Juliano, e não de Gurizinho. Tudo era meio estranho mesmo, fora do usual nesse tipo de show.

Também não havia como fazer passagem de som, nenhum ensaio nem preparação. Atrás do palco, Luan afinou seu violão do jeito que dava, sabendo que não teria fone de ouvido, só contando com o retorno do amplificador que estava na frente do palco. Mais precário impossível. Tudo parecia conspirar para que o primeiro show do menino fosse um fracasso, e ainda por cima na frente de mais de mil pessoas, como prometia Douglas, que se esforçara para que isso acontecesse. Luan havia ensaiado doze músicas e pensava em deixar para o fim seu "grande hit", "Falando sério", "para segurar a galera".

De fato, a promessa de Douglas se cumpriu e a plateia devia ter mesmo umas mil pessoas. E enfim chegou a hora tão esperada, mas que provocava tanto temor. Luan subiu o degrauzinho do palco e falou ao microfone a única coisa que conseguiu pensar na hora: "Boa noite, Bela Vista."

9. "Eu quero palco"

A apresentação em Bela Vista não foi nada excepcional, mas Luan nunca mais a esqueceu. Em sua memória permanecem detalhes mínimos, o que pensou, o que sentiu, o turbilhão de emoções que passou pela cabeça de um garoto de 16 anos, estudante do ensino médio no centro-oeste do país, sem grandes pretensões, que naquele momento teve o primeiro vislumbre do que é o *show business*, o contato com fãs que nunca o tinham visto antes, mas que diziam adorá-lo e pediam autógrafos e fotos.

Depois do "Boa noite, Bela Vista", Luan, Marcê e os músicos contratados por meio período abriram o show com "Abre a janela", da dupla Edson & Hudson, música rápida para animar o público. "Subi no palco sem saber o que fazer, meio desengonçado. Vi umas meninas bem animadas na frente, mas poucas. No começo eu tinha um problema quando cantava em shows, quando não estava tocando violão: meu braço esquerdo ficava duro, meio levantado. A mão ficava imobilizada e não abaixava. É porque eu ficava nervoso. Parecia que o braço estava engessado. Senti que estava assim logo no começo do show e não sabia direito como falar com o povo. Movimentação de palco, nem sombra", lembra Luan. No meio do show, como haviam anunciado, os músicos simplesmente viraram as costas, levaram os instrumentos e foram embora mesmo. Abandonado, só com o amigo de fé Marcê, Luan disse: "Agora, galera, nós vamos fazer um momento acústico pra vocês. E tocamos a segunda metade das músicas que combinamos, só eu e o Marcê, com dois violões acústicos. Encerramos com 'Falando sério'."

O show durou 70 minutos e Luan cantou oito músicas com a banda e oito com Marcê. Elizandra também subiu ao palco e cantou cinco das músicas dela. Tecnicamente, não foi um bom show, dois garotos inexperientes com dois violões, quase sem preparação, em um território desconhecido. Para o exigente senso crítico de Luan, se comparado com o que ele queria, foi pior do que ruim, foi péssimo. Mas foi sensacional. De uma maneira que ele não teria como imaginar, muito menos racionalizar. No palquinho do clube militar de Bela Vista, aflorou o que o transformaria em ídolo pop: carisma. Ninguém sabia disso ainda, evidentemente. Amarildo, Marizete e o próprio Luan nunca haviam pensado em carisma como um poder. Mas foi isso o que aconteceu e ninguém compreendeu na hora naquela noite de 11 de agosto de 2007 na fronteira do Brasil com o Paraguai.

E, por incrível que pareça, o dia ainda não havia acabado. Haveria mais surpresas depois que Luan e Marcê encerraram a última música e deixaram o palco, com o agradecimento simples: "Obrigado, Bela Vista." Para sair e chegar até a van, Luan precisou da ajuda dos seguranças do clube, que improvisaram um cordão de isolamento. Bruna, a irmã, ficou um pouco para trás e foi impedida de entrar na van por um segurança, confundida com uma fã. Tudo era surpreendente demais. "Até aquele momento, eu estava em uma situação de só ouvir a música na internet, sem contato com o público e sem imaginar o que era ter fã. Eu estava preocupado, com um pé atrás, sabia que precisava gravar um CD de verdade, pois só tinha uma música, mas essa música fez esse piseiro [agitação, no linguajar do Mato Grosso do Sul] todo na cidade, essa bagunça. Fiquei muito assustado, principalmente quando foi difícil sair do clube e, antes, quando as meninas chegaram ao restaurante e pediram para tirar foto comigo e para eu dar autógrafo. Eu não sabia como agir, fiquei totalmente sem saber o que fazer", lembra Luan.

Outros dois instantes fundamentais ficaram na memória dele. O primeiro aconteceu pouco antes do show, quando Luan entreabriu a cortina do palco, atrás do banner de Robson & Juliano, e olhou para o público. "Até hoje eu lembro perfeitamente aquela sensação. Tenho essa cena inteira na minha cabeça. Eu abri um pouco a cortina e espiei aquele povo todo que estava ali para me ouvir cantar. Nossa, eu nunca tinha visto tanta gente na minha vida. Estava cheio de fumaça de gelo seco no palco e eu olhei aquilo tudo, pela fresta da cortina, e pensei: cara, é isso aqui que eu quero, isso aqui é massa, palco é massa demais, nossa mãe, fechou! Esse foi o momento em que tive certeza de que era aquilo que eu queria na minha vida." Segundo Luan, foi um instante mágico, uma iluminação: "Eu quero palco", ele teve absoluta certeza. "Fiquei nervoso, tive medo pra caramba. Medo de me dar mal, de cair no palco, de desafinar, principalmente de esquecer a letra. Era muita gente. Aí espiei por aquela cortina e foi ali que percebi: caramba, é isso o que eu quero! Então subi no palco meio desajeitado, porque isso a gente aprende só mesmo com o passar do tempo, mas fui lá e encarei o povo. Não tem outro jeito de aprender. Lembro até hoje dessa sensação, perfeitamente: eu quero palco!"

Não há nada parecido com isso na vida de um artista, descobrir o que quer, ter plena certeza, absoluta segurança do seu futuro. E o cenário foi o palquinho do clube militar pintado de verde-oliva de uma cidade de 25 mil habitantes na fronteira do Brasil com o Paraguai. Lugar mais improvável, impossível, mas é assim que as coisas acontecem. Nunca é como se imagina, e o acaso reina.

Mas, além disso, houve um segundo momento memorável, além do "eu quero palco". No fim do show, durante os aplausos, Luan percebeu outra coisa fundamental: além de ser o que queria de verdade, sentiu que era de fato capaz de fazer aquilo. Tinha condições de subir em um palco e, qualquer que fosse a condição, cantar e cativar as pessoas. É outro momento raro, o de se sentir capaz de realizar um grande sonho. Vale a pena ouvir como surgiu essa certeza, nas palavras de Luan:

"Naquele instante eu percebi que tinha condições de fazer aquilo, fazer show, que eu poderia ser músico. Naquela hora eu pensei: eu posso! Se antes eu tinha pensado 'Eu quero', ali eu pensei: 'Eu posso!' Nunca fui de acreditar muito em mim, até hoje sempre fico meio desconfiado, pensando se sou mesmo capaz. Eu estava muito na expectativa. O show foi todo na base da expectativa. Será que o povo está gostando? Eu lá cantando, mas só pensando se o povo estava curtindo, se no final o comentário seria bom ou ruim. Aí, na hora em que saí, confirmei aquilo que eu tinha visto lá atrás da cortina: eu sou capaz, sim, cara, vambora. Foi uma prova, foi exatamente isso, uma prova. Eu vi que era capaz. Eu consigo sim, pensei, a galera gostou do show, do trabalho, da voz, e tudo isso é sinal de que desempenhei bem o meu papel. Imaginei então como seria quando eu estivesse mesmo preparado, com uma banda de verdade. Foi difícil dormir naquela noite. Fiquei acordado até de madrugada, conversando com o Marcê, a cabeça cheia, o show inteiro passando como um filme na minha cabeça. Eu pensava que poderia ter sido melhor, que poderia ter visto alguns DVDs e copiado algumas coisas de outros artistas, a movimentação, uma dança, sei lá. Mas não tinha como, eu não imaginava como seria. Acho que fiz o que podia no momento. O primeiro show sempre é decisivo. Ou o público aprova ou desaprova, ou você cai ou você se levanta. Mas eu gostei demais do palco, do assédio, apesar de ter achado tudo muito esquisito. É estranho, você é desconhecido num dia e no outro chega numa cidade e ficam gritando seu nome, tirando fotos e pedindo autógrafo. É louco, muito louco. Mas naquela hora, no fim do show, eu tive esta certeza: eu posso!" Podia, sem dúvida, e logo provaria isso.

10. Na estrada

Na viagem de volta a Campo Grande, ninguém sabia direito o que pensar. O que foi aquilo? Ninguém tinha certeza se seria o início de uma carreira artística ou apenas um fato isolado. Ainda não havia realmente um cantor, um artista, apenas uma promessa, uma possibilidade. E ninguém da família tinha ideia da intensidade do que Luan havia sentido, da certeza de que aquele seria o seu caminho. Afinal, era um garoto de 16 anos, que nem sequer tinha uma banda, não havia um CD para trabalhar, para apresentar nas rádios. Isso teria que ser resolvido. Mas, no fundo, tanto Amarildo como Marizete perceberam que algo consistente havia acontecido no show da noite anterior, algo que compensara o desconforto da van, toda aquela agitação, a aventura e o ridículo saldo de R$ 50, que não deu para cobrir nem parte das despesas. Perceberam o efeito em Luan. Sentiram o impacto. E se deram conta de que alguma coisa teria de ser feita, algum avanço para dar sequência àquele show ainda difícil de apreender, de assimilar em todas as suas possíveis consequências.

E os Santana foram em frente. Era hora de pôr o pé na estrada, *on the road*, como todo artista imagina. No mesmo mês de agosto de 2007, Luan fez seu segundo show, em uma boate em São Gabriel do Oeste, também no Mato Grosso do Sul, a 140 quilômetros de Campo Grande. Pai coruja, Amarildo jura que o público foi de, no mínimo, mil pessoas, mas Luan relativiza: "Não tinha mil pessoas de jeito nenhum, pai. Tinha umas 500. O pai sempre aumentou o público, acho que para me animar." O que Luan lembra bem é que em São Gabriel o sanfoneiro que havia contratado não parecia muito animado em tocar com ele e disse que queria ficar sentado: "Então eu arrumei um banquinho, mas no meio do show ele dormiu. Sério, sem brincadeira, o cara dormiu no palco, sentado no banco, no meio do show. Se não dormiu, pelo menos cochilou, porque ele errava, a mão caía. É demais, né?"

Em setembro, houve mais um show, no dia 6, em Dourados, também perto do Paraguai, a 225 quilômetros de Campo Grande. Amarildo, que até hoje, com a cabeça de bancário, mantém as planilhas que fazia, de novo garante que o público era de no mínimo 1.800 pessoas. "Tinha umas mil e pouquinhas, se tanto", debocha Luan, na cumplicidade brincalhona que caracteriza a relação dos dois. Em outubro, três shows, o primeiro de novo em Dourados, no dia 20, por causa do sucesso de público da apresentação anterior. Amarildo registrou na pasta em que anotava detalhes das apresentações do filho um extraordinário público de 8 mil pessoas. No mesmo dia, Luan se apresentou em Rio Brilhante, para 1.200 pessoas, sempre pelas contas do pai, e seis dias depois finalmente fez o primeiro show em sua cidade natal, Campo Grande, para 1.400 pessoas — segundo Amarildo.

Até o fim de 2007, Luan se apresentou em outras sete cidades, na maioria das vezes com bom resultado, outras com alguns sobressaltos. Em 7 de dezembro de 2007, ele foi a Cachoeira Alta, Goiás, e nada parecia dar certo. Chegaram tarde, não havia hotel e se hospedaram em uma espécie de pensão, na verdade em um dos quartinhos do fundo de uma casa de família. A ideia era descansar um pouco antes do show. Quando Amarildo e Marizete foram para o quarto e tiraram o primeiro lençol da cama, viram uma mancha de sangue no lençol de baixo. "Lizete olhou para mim e falou: 'O que nós estamos fazendo aqui? Vamos voltar para casa.' Isso marcou pra caramba", lembra Amarildo. Para piorar, os músicos da banda que havia sido contratada atrasaram muito. Tinham prova na faculdade e só chegaram depois da meia-noite. O show foi em um clube da igreja local, um lugar cercado de bambu, e o público vaiava forte, por causa do atraso. Amarildo conta: "Devia ter umas 1.300 pessoas, se é que eu não aumentei, e foi muito complicado ouvir todas vaiando. No dia seguinte, o Luan acordou tremendo, ele era magrinho, fraquinho. Lizete olhou para ele e falou: 'Filho, é isso mesmo que você quer para a sua vida?' Hoje, quando às vezes o Luan está cansado, tem fã e imprensa para atender, uma viagem longa em seguida, a gente fala desses episódios para lembrar que o começo não foi nada fácil."

Na época, Luan ainda não tinha uma banda fixa, porque os músicos que convidava não acreditavam muito nele e preferiam se dedicar a outros projetos. Assim, para cada show que fazia ele precisava contratar um grupo diferente, e isso envolvia a necessidade de ensaios, já que não conheciam suas músicas. Mas muita coisa boa também aconteceu nesse começo de jornada. O 20 de outubro, por exemplo, foi marcante para todos, como relata Amarildo: "O Luan tinha feito um show para 8 mil pessoas em Dourados, abrindo para a dupla João e Frederico, e depois fomos para Rio Brilhante, para outro show no mesmo dia. Na estrada, liguei o rádio e estava tocando a música dele. Até ali ouvíamos o Luan na internet, em casa, mas nunca tínhamos ouvido no rádio, anunciado por um locutor. Foi demais! O Luan pôs o corpo para fora do carro e batia na capota gritando sem parar. Paramos no acostamento e gravei com o celular, para provar que estava tocando no rádio. Nossa senhora, eu buzinava sem parar no meio do nada, na estrada para Rio Brilhante, de pura alegria. Foi uma sensação indescritível ouvir meu guri cantando no rádio pela primeira vez. Foi incrível, marcante."

Luan ficou eufórico, claro, mas ali mesmo provou que enxergava muito mais adiante. Disse que ficaria realmente feliz quando girasse o dial do rádio e ouvisse músicas suas tocando ao mesmo tempo em três ou quatro estações. Era uma ousadia, considerando que, até então, Amarildo ainda tinha de bancar a aventura musical do filho, naquele início de 2008. O público dos shows crescia a cada dia, assim como o cachê, e Luan começava a se tornar conhecido com seu próprio nome. O Gurizinho finalmente começava a desaparecer, esquecido. Amarildo tem tudo registrado. O cachê já chegava a R$ 1.500, acrescidos de vez em quando de uma participação na bilheteria, mas nada que impressionasse, depois de deduzidas as despesas. Por exemplo, em janeiro, uma apresentação para um público de 609 pessoas rendeu R$ 3.500 brutos. Descontado o pagamento aos músicos, aos *roadies* e aos técnicos, mais transporte e refeições, sobraram R$ 800 para dividir igualmente entre Luan e Elizandra. Nada extraordinário, mas lucro real para um menino que ainda não havia completado 17 anos. Quatrocentos reais aqui, mais R$ 300 ali, já era uma renda.

Amarildo tinha um bom salário no banco, como gerente-geral da agência, livre de dívidas e de aluguel, como prometera a si mesmo ainda rapaz, e isso garantia à família uma vida tranquila, sem sobressaltos. O pai, a mãe e a irmã sempre acompanhavam Luan nos shows e davam todo o apoio possível. Mas Amarildo percebeu que era hora de dar um empurrão na carreira do filho, a começar pela gravação de um CD com boa qualidade, em um estúdio de verdade, não para vendas nas lojas de discos, mas para divulgação nas rádios e na internet. Procuraram um amigo chamado Frank, que tinha um estúdio em Campo Grande, e gravaram duzentas cópias do disco. À medida que cresceu a distribuição de mão em mão, de rádio em rádio, o número de cópias se multiplicou. Em dois anos, chegaram a gravar mais de 200 mil CDs, o que se explica pela maneira como se faz a divulgação desse tipo de música no centro-oeste e no interior de outras regiões do país.

Em geral, no início de carreira, o cantor ainda não tem contrato com uma gravadora. Para dar o pontapé inicial, grava seu CD, divulga-o na internet e começa a procurar as emissoras de rádio. Dá um CD a cada programador e a cada apresentador e fica na esperança de que eles toquem suas músicas. Há casos de cantores ou duplas sertanejas que chegaram a distribuir quase 1 milhão de CDs nesse esquema. O cantor e compositor Fernando Fakri de Assis, da dupla Fernando & Sorocaba (curiosamente, ele é o Sorocaba), explica: "No começo da carreira, todo mundo da música sertaneja faz isso. Eu fiz assim também. É a receita do bolo: o artista ataca uma região, investe em algumas cidades com o CD, vai nas rádios, dá entrevista e consegue marcar os shows. Vai plantando e colhendo. Faz, por exemplo, Londrina, Maringá e Umuarama, planta e colhe; depois faz Presidente Prudente, Assis e Marília, planta e colhe; até ter pressão suficiente para começar a dar um jabazinho para uma rádio, fazer um programa de TV e ir em frente."

Foi o que Luan também fez. Agora ele tinha um CD para divulgação nas rádios e na internet e, mais importante, tinha um empresário de verdade.

11. O empresário

Na sequência dos shows realizados no primeiro ano de sua carreira, em 2 de novembro de 2007, Luan se apresentou em Mineiros, sudoeste de Goiás, a 550 quilômetros de Campo Grande. Era aniversário da cidade, apesar de também ser Dia de Finados, e quem contratou Luan foi Anderson Ricardo de Souza, um ex--narrador de rodeios que tinha um programa na rádio Eldorado, em Mineiros. "Um dia, no segundo semestre de 2007, eu estava lá na rádio e vi que algumas pessoas pediam a música 'Falando sério', de um tal de Gurizinho, de quem eu nunca tinha ouvido falar", conta Anderson. "Achei estranho, porque eu conhecia todo mundo da música sertaneja. No dia seguinte, mais três pedidos, e não parava mais. Fui ouvir a música e não gostei, porque a gravação era de péssima qualidade e quem cantava era um menino de uns 13 ou 14 anos, com voz fina. Falei que não dava para tocar na rádio, de jeito nenhum, mas começaram a me dizer que a música estava estourando em Goiânia, que o moleque estava bombando. Eu pensei: será? Fiquei com a pulga atrás da orelha, e autorizei a música na rádio."

Coincidiu que a então prefeita de Mineiros queria trazer Gurizinho para o show de aniversário da cidade. Anderson se interessou, descobriu um perfil de Luan no Orkut e enviou um e-mail propondo a contratação do show. Duas semanas depois, recebeu o telefone de Elizandra. "Liguei para ela e perguntei quanto custava o show, achando que iriam pedir uns R$ 10 mil ou R$ 15 mil de cachê. E ela disse que estavam cobrando R$ 1.200. Eu lembrei que Mineiros ficava a uns 600 quilômetros de Campo Grande e eles teriam prejuízo cobrando só isso, e propus que Luan ficasse com metade da bilheteria. O show foi assistido por 1.100 pessoas e rendeu mais de R$ 8 mil de bilheteria", conta Anderson, que naquele 2 de novembro de 2007 conheceu Luan pessoalmente. Logo percebeu seu potencial e achou que seria um ótimo negócio se tornar empresário do cantor. Anderson vendeu outros shows de Luan na região e, em dezembro, em Cachoeira Alta, conversou bastante com Amarildo. No início de janeiro de 2008, foi a Campo Grande, ficou hospedado na casa de Luan e propôs formar uma sociedade e profissionalizar de fato a carreira do cantor.

Mas o problema é que Luan já tinha uma empresária, Elizandra Santos, a autora de "Falando sério", seu único sucesso até então. Na versão de Anderson e da família de Luan, a relação com Elizandra já não era muito boa. Na gravação do primeiro

CD, no estúdio de Frank em Campo Grande, Luan gravou outra música de Elizandra, "Vê se leva a sério". Por R$ 7 mil, ele comprou os direitos de gravação de seis músicas — "Falando sério", "Sonho", "Amanhã", "Vai viola", "Faz de conta" e "Vê se leva a sério" —, mas não a exclusividade, porque não havia dinheiro para isso. Nesse meio-tempo, Elizandra recebeu uma ligação da dupla João Bosco & Vinicius, também de Campo Grande, que queria gravar "Falando sério", e ela vendeu os direitos, já que Luan não havia adquirido a exclusividade.

Luan conta o que sentiu quando pela primeira vez ouviu a gravação de "Falando sério" com João Bosco & Vinicius: "Acabou o mundo para mim, eu pensei, sumiu o chão, eu caí num buraco, deu um frio na barriga. Ainda pensei que talvez não fizesse sucesso, porque o povo sabia que a música era minha e que minha gravação estava tocando até em São Paulo, em Santa Catarina, no Paraná. Mas João Bosco & Vinicius fizeram sucesso, e aí não tinha o que chorar." Luan continua: "Então ficamos sem música de trabalho. Eu perguntei à Elizandra: e agora, o que a gente faz? Ela falou: 'Fique tranquilo que eu faço outra.' Na hora, pensei seriamente em parar tudo, encerrar a carreira. Estava fazendo uma boa quantidade de shows, mas não sobrava dinheiro nenhum, era só viagem e correria nas rádios para divulgar as músicas. Falei isso para o meu pai e a minha mãe e eles disseram que me apoiariam totalmente se eu quisesse mesmo parar. Só sei que eu chorei pra caramba, pensei que minha carreira tinha acabado."

Mas havia alguns shows contratados para os dias seguintes e era preciso cumpri-los. A próxima apresentação seria justamente em Mineiros, o primeiro show fora de Mato Grosso do

Sul, onde Luan conheceu Anderson Ricardo, que dois meses depois, em janeiro de 2008, de tornaria seu empresário. Com uma espantosa visão comercial, Anderson largou tudo em Goiás, pediu demissão na rádio e foi morar em Campo Grande para se dedicar integralmente à carreira de Luan. Paulista de Guaimbê, nascido em 1982, Anderson não teve vida fácil. Aos 14 anos, era locutor de rodeios e dois anos depois apresentava um programa em uma rádio de sua cidade, quando resolveu tentar a sorte em Goiás. De carona em um caminhão, foi para Itumbiara, depois para Rio Verde e Santa Helena. Fez um pouco de tudo, sempre procurando trabalho em pequenas rádios, e acabou chegando a Mineiros. Queria descansar um pouco da vida errante, começou a construir uma casa, comprou um carro e casou-se com Joyce, com quem abriu uma empresa para agenciar shows de artistas sertanejos.

Foi nesse cenário que se deu o encontro com Luan, e o primeiro obstáculo que Anderson deveria transpor era Elizandra, a empresária informal, sem contrato assinado. No fim, os argumentos de Anderson prevaleceram. Ele substituiu Elizandra e esteve ao lado de Luan durante mais de cinco anos, de 2008 a 2013, período em que a carreira do cantor deslanchou de vez. Em uma reportagem publicada em dezembro de 2014 no site *Campo Grande News*, com o título "Por onde anda a dona da canção que lançou Luan Santana como Gurizinho?", Elizandra Santos, que hoje mora em Brasília e continua compondo, disse que o rompimento não deixou mágoa. Afirmou que tudo aconteceu "de maneira certinha", tranquilamente. Contou que "Falando sério" foi composta no carro, no trânsito. Disse que, ao conhecer Luan, foi "amor à primeira vista", que adorava o menino. E lembra que foi com a dupla João Bosco & Vinicius que sua música de fato estourou no país, embora hoje a gravação de Luan seja mais lembrada.

A questão da exclusividade ressurgiu pouco tempo depois da confusão com "Falando sério", de novo de forma inesperada para Luan. Como "faixa bônus" no primeiro CD, ele gravou a música "Sufoco", composta por um cantor chamado Fred, de Itumbiara, Goiás, da dupla Fred & Gustavo. Na negociação, Fred pediu R$ 1.000 para autorizar a gravação e R$ 5 mil para ceder a exclusividade. Luan e o pai acharam caro e compraram apenas o direito de gravação. Logo "Sufoco" começou a tocar nas rádios, mas três meses depois a surpresa: a dupla que gravara "Falando sério", João Bosco & Vinicius, lança a mesma música, com muito sucesso, para desespero de Luan. E engana-se quem pensa que as trombadas entre a dupla e Luan terminaram por aí. Luan conta: "Resolvemos trabalhar novas músicas e escolhemos 'Faz de conta', cujo direito de gravação havia sido comprado de Elizandra, e 'Sempre com você', que era minha. As duas começaram a tocar nas rádios, mas com 'Faz de conta' na frente, porque a Elizandra é boa compositora mesmo. E quem grava 'Faz de conta'? A mesma dupla, só mudando o nome para 'Curtição'. Gravaram outra música minha, cara. Pela terceira vez, gravaram uma música que eu já havia gravado. Foi demais pra mim."

Um dia, Marizete entrou no quarto de Luan, então com 16 anos, ainda estudante no ensino médio, e o encontrou chorando. Achou que aquele sofrimento era demais, não valia a pena e disse a ele para deixar de lado aquele sonho de ser tornar cantor. Lembrou que eles não precisavam daquilo, que a carreira musical era muito difícil, que ele iria sofrer muitas outras pancadas como aquela. Marizete queria que fossem falar com Anderson e parar tudo. Ela havia ficado magoada tanto com a dupla quanto com Elizandra. Depois, conversando com Luan, entendeu melhor a situação. Ouviu do filho que Elizandra precisava de dinheiro para pagar a faculdade e que eles poderiam ter comprado os direitos de exclusividade. Se não compraram, não era culpa dela, a verdadeira dona da música. Mas, naquele dia, inconformada, Marizete tentou convencer o filho a se dedicar aos estudos e entrar na faculdade de biologia marinha, profissão que ele dizia ser sua vocação.

Ela lembrou outro contratempo, em Maringá, quando Luan também pensou em desistir da carreira musical. Havia um show marcado nessa cidade paranaense, mas quando chegaram o contratante não apareceu. Foram ao local da apresentação e encontraram um bar fechado, com capacidade para umas trezentas pessoas, em uma rua deserta. Ninguém entendeu nada. Entraram e encontraram apenas 25 pessoas. O empresário, Anderson Ricardo, perguntou se Luan queria mesmo fazer o show, que poderiam desistir, mas ele decidiu cumprir o compromisso. "Eu tinha acabado de passar pelo problema das três músicas regravadas pela dupla, estava com o moral lá embaixo, mas achei que tinha de cantar. Eram só 25 pagantes, mas eles tinham ido lá para me ouvir. Então fizemos o show, mas pensei: chega, sentimos o gostinho do sucesso no começo, mas não dá mais", lembra Luan. Por essas e outras, ele quase cedeu ao apelo da mãe, mas ainda havia algumas apresentações marcadas para os dias seguintes e ele não queria cancelar os compromissos. Resolveu seguir em frente e tentar se recuperar.

12. Chocolate

A alegação de honrar os compromissos foi, na verdade, o argumento que Luan usou para convencer Marizete. Ele sabia que não conseguiria mais abrir mão do que havia visto naqueles últimos meses — o palco, o público e, principalmente, as fãs. Embora parecesse que haviam se passado anos desde o primeiro show em Bela Vista, sua carreira não tinha mais do que nove meses em maio de 2008. Foi quando ele recebeu a carta de uma fã, que dizia algo assim: "Se algum dia na sua carreira alguém falar que você não pode seguir em frente, pense na gente. A gente ama o seu trabalho. Nunca desista dos seus sonhos." Depois, a menina escreveu: "Você para mim vale mais do que um...", e colou uma embalagem do chocolate

Diamante Negro. "Quando eu sonho com você, para mim é um...", e colou uma embalagem de Sonho de Valsa.

Luan se encantou com a carta e com a ideia da menina. Pensou em compor uma música, e em meia hora terminou "Chocolate", que se transformaria no seu primeiro grande sucesso comercial. A letra era romântica e ingênua, na medida para suas fãs adolescentes. Além disso, seria uma composição dele, 100%, o que eliminava o risco de outra "pancada" como as três que acabara de receber. Ele só lamenta que a cartinha da fã tenha se extraviado em uma de suas muitas viagens, e o nome da menina também fugiu de sua memória, mas sabe que deve a ela a inspiração e a bagagem para dar um impulso consistente na carreira: "Eu pensei que, ao mesmo tempo que algumas coisas poderiam me derrubar, existiam pessoas querendo que eu continuasse, que fizesse shows e gravasse coisas novas. Eu não poderia desistir, porque tinha gente esperando muito de mim."

Luan compõe com facilidade. Ele diz que começa com o ritmo, no violão, em acordes simples, imaginando o acompanhamento da bateria. Então, com sons sem palavras, vai criando o que será a letra. Grava tudo, escuta e faz alterações. No caso de "Chocolate", fez uma rápida pesquisa na internet em busca de marcas comerciais — para imensa satisfação dos fabricantes, posteriormente. Descobriu um chocolate da Garoto chamado Alô Doçura. Gostou e pensou em começar a letra com isso, fazendo de conta que falava ao telefone com a garota que seria sua musa na composição. No fim, Alô Doçura entrou no segundo verso — no primeiro tem Confeti, e assim seguem Serenata do Amor, Prestígio, Bis, Diamante Negro etc.

Em meia hora, a música estava pronta (ele afirma que chegou a compor uma música, "A parte de mim que existe em você", em apenas dez minutos).

Ao longo dos anos seguintes, "Chocolate" seria um sucesso, e Luan explorou ao máximo o potencial dos versos adolescentes. Nos shows, alguém da produção escolhia uma garota na plateia e a levava ao palco na hora da apresentação de "Chocolate". Luan, então, abraçava a fã e punha um chocolate na boca dela, para delírio do público. Resolveram gravar um single promocional para divulgar nas rádios do interior do Mato Grosso do Sul, Goiás e Mato Grosso. Uma cidade atrás da outra, Bandeirantes (a 890 quilômetros de Campo Grande), São Gabriel do Oeste, Rio Verde, Coxim, Dourados, Bonito. Em cada uma, procuravam as rádios e deixavam o CD com "Chocolate". E Luan dava uma entrevista ao vivo. De grão em grão, cidade em cidade, Luan, Anderson e Amarildo passaram muito tempo na estrada. É assim que normalmente se faz o trabalho de divulgação de artistas regionais desconhecidos. Em Campo Grande, visitaram uma rádio, uma das mais importantes da cidade, e o diretor nem quis recebê-los. Disse que não via futuro para aquele menino e não ia tocar o CD. Segundo Amarildo, um ano depois ele "implorava" para que Luan participasse dos eventos promovidos pela rádio.

Luan era de fato um caso único, um garoto novo que se propunha a cantar música sertaneja sem fazer parte de uma dupla. Era totalmente fora do padrão, do modelo há muito estabelecido de duas vozes. Havia vantagens e desvantagens nesse formato. Tanto poderia ser um grande sucesso, pelo ineditismo, como um fracasso, já que em geral as pessoas gostam do que conhecem. Assim que lançou "Chocolate", Luan chegou a propor a Anderson a contratação de outro cantor, para fazer dupla com ele, mas não convenceu o empresário. Anderson achava que o fato de cantar sozinho era justamente o seu diferencial. Na verdade, embora pouca gente saiba disso, Luan chegou a formar uma dupla sertaneja, por pouco tempo, no período em que a família morou em Maringá, entre 2002 e 2003. O nome da dupla era Luan & Luciano e eles tocaram em algumas festas na cidade. Mas isso era passado e, agora, o que Luan tinha que fazer era continuar na estrada, em carreira solo, pegando o que surgisse, até que algo importante acontecesse.

Assim, seguiu na estrada, a grande escola dos músicos. Fez, por exemplo, o "circuito das escolas", ideia de um político de Campo Grande, dono de jornal e candidato a vereador, que contratou Luan para uma série de apresentações durante sua campanha. Contratou, na verdade, é modo de falar, pois não havia cachê nem nada no papel. Segundo o político, era um bom arranjo para ambos os lados: o político tentaria conseguir votos nas escolas; Luan divulgaria seu trabalho. Ele convidou dois amigos, o baterista Boquinha e o violonista Juliano, e seguiu em frente. No geral, o saldo foi desastroso. Luan lembra que um dia chegou à escola indicada e os alunos mais velhos não tinham mais do que 3 anos: "Eu ali cantando e eles chorando e querendo brincar, um puxando o cabelo do outro. Os moleques não gostavam de me ouvir. A maioria xingava, ficava gritando, mandando a gente parar. As meninas gostavam. A gente ia às escolas pela manhã e à tarde, e à noite visitava uns bairros afastados para cantar naqueles cursos noturnos de alfabetização de adultos. Eu tocava para os velhinhos. Às vezes eu ficava com muito medo de ir naqueles lugares." Em outra ocasião, Luan fez um show em uma balsa, em Guaratuba, no Paraná, e enjoou bastante.

O que não faltam são histórias que hoje parecem engraçadas, mas na época eram deprimentes e desencorajadoras. Como uma apresentação em Terenos, Mato Grosso do Sul, um show beneficente cuja entrada era um quilo de alimentos para um asilo de idosos. Ao chegar ao local indicado, Luan e sua comitiva encontraram apenas um boteco, com um pessoal meio embriagado e uma pequena mesa de sinuca. Nos fundos, havia um palquinho precário, debaixo de uma mangueira, iluminado por uma única lâmpada. Anderson havia sugerido uma promoção, um sorteio que daria ingresso a cinco fãs, e uma delas de repente pisou num formigueiro e, enquanto tirava as formigas de sua perna, virou para o ídolo e reclamou: "Ê, Luan, mas você faz umas promoções que vou te contar, hein! Pelo amor de Deus."

Mas esses tropeços não eram a regra. O trio Luan, Amarildo e Anderson foi de show em show conhecendo músicos, duplas, compositores, donos de casas de espetáculos, contratantes e empresários, fazendo contatos e descobrindo na prática como funcionava por dentro o quase indecifrável universo do *show business* nos rincões do centro-oeste brasileiro. Em geral, Luan abria para uma dupla mais conhecida, com cachê menor e sujeito a vaias, porque, na maioria das vezes, o público acha que a apresentação de abertura não passa de uma demora indesejada para a atração da noite.

Luan completou 17 anos e, para a idade, tinha uma boa bagagem, muita estrada. Aprendeu, apanhou bastante, conheceu profissionais experientes. Conseguiu, enfim, sair do circuito do centro-oeste e começou a fazer shows em outros estados. Em Ponta Grossa, no Paraná, conheceu Iran Taques, que tinha uma casa de espetáculos na cidade e o convidou para abrir um show de Edson & Hudson, dupla da qual Luan gostava e que fazia sucesso. Segundo Luan, os dois foram os primeiros cantores famosos que ele conheceu, e ficou empolgado com isso. Depois da apresentação, bem pequena, apenas cinco músicas, voz e violão, para surpresa de Luan, Iran disse que havia gostado e propôs que ele cantasse em uma exposição rural que aconteceria no mês seguinte em Ponta Grossa, abrindo para a dupla Jorge & Mateus, em um show para mais de 20 mil pessoas.

Antes da apresentação de Luan, entrou no palco a dupla Maria Cecília & Rodolfo. Quando chegou sua vez, ouviu alguém anunciar: "Com vocês, o Gurizinho, de Campo Grande, Mato Grosso do Sul." Não é possível, caramba, pensou Luan. Gurizinho de novo! "Mas entrei no palco e cantei minhas músicas, mesmo bravo pelo Gurizinho, porque eu já era conhecido como Luan Santana. O que salvou é que o Jorge, da dupla Jorge & Mateus, foi muito parceiro. Na hora da apresentação dele, ele me chamou e perguntou se tinha sido eu que havia gravado 'Sufoco', e cantou comigo essa música. Foi a primeira vez que cantei para tanta gente, ao lado de um cara famoso, por isso essa apresentação me marcou muito."

O mais surpreendente aconteceria logo depois, em Brusque, Santa Catarina, quando Luan foi contratado para abrir um show por Ney Massa, irmão de Carlos Roberto Massa, o apresentador de TV Ratinho. Os astros da noite seriam Fernando & Sorocaba, uma dupla de "sertanejos universitários" muito populares. Luan, que procurava músicas que dessem sequência aos bons resultados de "Chocolate", sabia que Sorocaba era compositor respeitado, um *hitmaker*, com muitos sucessos cantados pela dupla dele e por outras, e decidiu superar a timidez e procurá-lo. Valeu a pena. Ele encontrou bem mais do que um compositor disposto a ceder músicas para um cantor iniciante. Encontrou o combustível para que sua carreira decolasse de vez e ele finalmente se tornasse conhecido em todo o Brasil — mais do que isso, para que ele chegasse ao topo.

13. O sócio famoso

O encontro com Sorocaba aconteceu no hotel Blue Tree de Brusque, em 26 de setembro de 2008. Antes, havia a longa viagem desde Campo Grande até a cidade catarinense, em um velho ônibus vermelho que Luan chamava de Chapolin e tinha na frente um banner com o nome Gurizinho. Luan odiava o apelido, achava que era "um nome meio feio para um artista", mas era assim que o conheciam. O Chapolin pertencia a Hilário, sogro de Anderson, que o alugava a Luan, para quem o veículo mais parecia um transporte de boia-fria do que um ônibus digno de levar um cantor prestes a ficar famoso. Mas era melhor do que as vans alugadas que usavam até então. Chegaram a Brusque no meio da tarde, correram para dar uma entrevista a um apresentador da rádio Guararema e souberam que, apesar da pressa, teriam de ter paciência e esperar a chegada de Fernando & Sorocaba, que também seriam entrevistados e tinham pedido para entrar no ar antes de Luan.

Luan sentou na sala de espera e viu a chegada da dupla. Admirou o assédio, as pessoas se juntando em volta de Fernando & Sorocaba, o movimento. Pensou que um dia aquilo também aconteceria com ele, que ele seria a atração principal, que outros artistas abririam seu show — e que precisaria ter calma até esse dia. Por uma porta de vidro que separava o estúdio da sala de espera, ficou olhando a entrevista, sem ouvir o que diziam, e de repente Sorocaba saiu: "Cadê aquele moleque que vai cantar com a gente hoje?", perguntou. "Cara, meu coração disparou, tum-tum-tum, o Sorocaba veio falar comigo! Aí eu levantei e falei, sou eu, estou aqui. Ele perguntou se eu era o Gurizinho e disse que iríamos cantar juntos no show. Eu disse que não, que meu nome era Luan Santana, e não Gurizinho, e que só iria abrir o show dele. E ele: 'Não, você faz seu show e depois vai cantar com a gente.' Depois tiramos fotos juntos na frente do banner da Guararema, dei minha entrevista e fomos embora, eu todo feliz de ter conhecido o Sorocaba, que fazia muito sucesso com a música "Bala de prata", e ainda por cima por ele ter sido tão legal, querendo que eu cantasse com ele", lembra Luan.

O encontro na rádio de Brusque também ficou na memória de Sorocaba: "Achei que de um jeito ou de outro a gente ia se encontrar. Não sei o que aconteceria, porque não tinha um plano definido, mas certamente nossos caminhos iriam se cruzar. Alguns amigos até já queriam nos apresentar. Naquela época, eu achava que o Luan estava destinado a criar um espaço próprio, só dele, ocupando um nicho ainda inexistente na música sertaneja, voltado para o público teen. Achei que ele iria invadir um espaço em que poderia trabalhar livre, leve e solto, sem concorrentes."

Sorocaba é Fernando Fakri de Assis, de mãe síria e pai com ascendência italiana, que trocou o sobrenome original Zapolla por Assis. É um sujeito tranquilo, agradável, que conseguiu um sucesso no meio musical bem mais extenso do que aparenta o desempenho de sua dupla — "sua" mesmo, porque ele é o sócio majoritário do negócio. Além disso, músicas dele foram gravadas por vários cantores e duplas, Luan entre eles. E é sócio de Luan na LS Music. Sorocaba nasceu na capital de São Paulo, em um bairro da zona sul, em 15 de setembro de 1980. Tem, portanto, onze anos a mais do que Luan. O avô dele era dono de uma fazenda em Sorocaba, interior de São Paulo, para onde o garoto ia sempre. Estudou agronomia na Universidade Estadual de Londrina e em sua turma havia muitos colegas chamados Fernando, o que acabou lhe rendendo o apelido de Sorocaba. Sempre gostou de cantar e compor e, na cidade paranaense, apresentava-se em barzinhos e em pequenas casas de espetáculos. Formou uma dupla, Fernando & Sorocaba, como dono da "franquia". Na verdade, houve três "Fernandos" formando dupla com ele, e coincidentemente o que o acompanha nos últimos anos carrega de fato o nome, Fernando Zorzanello Bonifácio. Fora do palco, Sorocaba, que mora em São Paulo, em uma grande casa com um estúdio de gravação a poucos passos do parque Ibirapuera — "para ficar perto do aeroporto de Congonhas", como ele diz —, tira o chapéu de cowboy, põe um boné e se confunde com a juventude paulistana bem-nascida, sempre discreto.

O show em Brusque foi no Pavilhão da Fenarreco, ou Festa Nacional do Marreco, de tradição alemã, realizada desde 1986. O que Luan não sabia é que, na verdade, foi Sorocaba quem o recomendou a Ney Massa. Quando o irmão de Ratinho pediu uma indicação de um artista para abrir o show na Fenarreco, ele cravou, sem hesitação: "Vamos levar o Luan." Disse que vinha acompanhando a trajetória daquele menino que fazia sucesso regional e via grande potencial. Sabia que, por três vezes, ele conseguira um relativo sucesso com músicas que logo em seguida foram regravadas por uma dupla mais conhecida, referindo-se a "Falando sério", "Sufoco" e "Faz de conta". "Os artistas grandes fazem isso mesmo. Quando está nascendo alguma coisa e eles acham interessante, e a música não é composição do cantor, ou não está amarrada por um contrato de exclusividade, eles procuram o autor, que libera a música, e quem gravou primeiro se ferra. Aconteceu isso três vezes com o Luan, eu conhecia a história, e para que não acontecesse pela quarta vez eu pensei que poderia dar a ele uma música minha", lembra Sorocaba.

Em outro hotel, bem mais modesto, Luan preparava-se para mais uma jornada de coadjuvante, de abrir para alguém mais importante do que ele. Era sua primeira apresentação em Santa Catarina, para mais de 10 mil pessoas, mas não no palco principal, destinado a Fernando & Sorocaba. O palco alternativo reservado a ele não tinha cenário nem muitos recursos de som e luz. Luan só contaria com uma cortina costurada pela mãe, de cor preta, que cobria os lados e os fundos do palco. Havia também um jogo de *movies*, como eram chamadas as luzes intermitentes que davam algum movimento ao palco, levado por uma dupla sertaneja. Combinaram assim: Luan emprestaria para a dupla a cortina de Marizete, a dupla emprestaria os *movies*. Só que a dupla se apresentou primeiro e disse que teria de levar embora os *movies*, e quando Luan já cantava suas músicas viam-se técnicos removendo cabos e lâmpadas no palco, em pleno show.

Tudo, como sempre, era precário e decepcionante, mas um gesto salvou a noite. Durante o show principal, Sorocaba chamou ao palco Luan Santana, "o Gurizinho de Campo Grande, Mato Grosso do Sul", e juntos eles cantaram "Telefone mudo", música de Franco e Peão Carreiro. Luan adorou, evidentemente, cantar com Sorocaba, mas ao mesmo tempo ficou um pouco deprimido. Pensou se algum dia ele sairia daquele papel secundário, se conseguiria subir os degraus até o estrelato. Comentou isso com Anderson, que tentou animá-lo, lembrando que Luan cantara para um público de 10 mil pessoas. Mas Luan sabia que aquelas 10 mil pessoas não estavam ali para ouvi-lo, e sim por causa de Fernando & Sorocaba. Mais uma vez, manifestou-se o improvável e rigoroso senso crítico de um adolescente de 17 anos, que sonhava com o sucesso, mas não se iludia, sabia que teria de ralar muito para atingir seu objetivo. Achava que pouco significava abrir shows para os outros. Viu quando Fernando & Sorocaba entraram no palco e houve aquela euforia do público, os gritos dos fãs, os efeitos especiais, os LEDs, luzes para todo lado, tudo o que ele queria e sonhava: "E eu pedindo *movie* emprestado pros outros. Eu queria muito chegar lá, mas não acreditava muito que iria conseguir", relembra Luan.

Até então, apesar do número crescente de shows, Luan ainda não tivera lucro. Toda a renda era investida em divulgação, principalmente nas cópias dos CDs distribuídos nas rádios. Em novembro de 2008, dois meses antes da apresentação em Brusque, ele cantou em Cacoal e recebeu R$ 10 mil de cachê, com lucro líquido de R$ 2.233, de acordo com o caderninho de Amarildo. No mês, a renda líquida atingiu R$ 6.605, o que era muito bom para a época.

Luan então propôs a Anderson que fossem procurar Sorocaba, na tentativa de conseguir uma música dele para seu repertório. E seguiram para o Blue Tree, uma construção no alto de um morro, em estilo alemão, como quase tudo em Brusque. Deram os nomes e pediram para chamar Sorocaba, mas o porteiro do hotel se recusou, disse que não podia incomodar o hóspede famoso, que havia muito assédio de fãs. Eles insistiram e Luan disse que também era artista e mostrou o folder da Fenarreco anunciando o show, com o nome dele abaixo do de Sorocaba, e isso convenceu o porteiro. Sorocaba mandou que os dois subissem ao quarto, e lá estava também o parceiro dele, Fernando. Anderson Ricardo falou de Luan e do projeto deles, diferente de todos os outros, inédito no Brasil, um cantor sertanejo solo, de apenas 17 anos, gastou o verbo. Sorocaba concordou, disse que era preciso ter um diferencial, mas que antes de tudo Luan precisaria de músicas boas. Luan falou das músicas do CD, lembrou que também compunha e citou o caso das músicas de Elizandra gravadas depois por João Bosco & Vinicius. Sorocaba perguntou por que eles não haviam comprado o direito de exclusividade, disse que esse era o primeiro passo, uma providência básica, e pegou o violão.

Mostrou algumas músicas compostas por ele, foi simpático e deu mais uma prova do seu faro empresarial: disse que cederia suas músicas, mas, além disso, queria participar do "projeto Luan". Anderson e Luan concordaram, disseram que dariam, sim, uma porcentagem a ele. Logo em seguida haveria um show da dupla em Campo Grande e foi marcado um encontro. E Sorocaba impôs mais uma condição: disse que entraria no projeto e o empresário dele, Paulo Pissoloto, também deveria ser incluído na sociedade. E ali mesmo, em um quarto de hotel em Brusque, Santa Catarina, foi fechado o acordo. Cada um — Luan, Anderson, Sorocaba e Paulo — seria dono de 25% do lucro líquido do cantor.

Sorocaba e Paulo colocariam, cada um, R$ 100 mil na sociedade, para equilibrar o investimento que Amarildo e Anderson já haviam feito na carreira de Luan. Além disso, Sorocaba comporia músicas exclusivas para Luan. Menos de dois meses depois, Luan falou do assunto em uma mensagem publicada em seu blog, negando que Anderson deixaria de ser seu empresário, como chegou a ser comentado. "Quem entrou junto na jogada foram o Sorocaba e o empresário dele. Então agora tenho dois empresários. Muitas pessoas estão perguntando e falando coisas aí que não são verdade. O Anderson está junto comigo e o Sorocaba também. (...) Está ficando chique, hein? O trem tá bruto", disse.

14. O meteoro decola

A sociedade, nas bases estabelecidas naquele 26 de setembro de 2008, com um simples aperto de mão, não durou muito tempo. Paulo Pissoloto acabou saindo, e Luan ficou com a porcentagem maior, de 45%, restando 25% para Sorocaba e 30% para Anderson, que em 2013 também se retiraria, em um caso que descambou em processo judicial. Esse assunto, no entanto, pode ficar para mais tarde. O que interessa agora é que, a partir de 2008, Luan começou a abrir shows de Fernando & Sorocaba e a cantar com a dupla, preparando-se para gravar o primeiro álbum comercial. Sorocaba sugeriu o estúdio de Ivan Miyazato, um dos melhores na época, em Alphaville, na Grande São Paulo, uma região de condomínios de luxo onde

Luan acabaria morando, cinco anos depois. De ascendência japonesa, Ivan já produzira as duplas Maria Cecília & Rodolfo e João Bosco & Vinicius (exatamente, a dupla das três regravações que quase fizeram Luan desistir da carreira), além de Fernando & Sorocaba.

Antes da gravação do CD, Sorocaba começou a mostrar as músicas dele para Luan, que foi selecionando as que mais lhe agradavam. Até que, em um show que fizeram em Curitiba, Sorocaba disse a Luan que no dia anterior havia composto uma música chamada "Meteoro da paixão", que seria sob medida para ele. Luan ouviu, gostou e sugeriu que o nome fosse simplificado para "Meteoro", que julgava mais comercial. Mas Luan ainda achava que a música nova não deveria ser o carro-chefe do CD, a faixa de trabalho, e sim outra chamada "Tô de cara", também composta por Sorocaba, que concordou com a sugestão. Foram então para o estúdio de Ivan Miyazato, no início de 2009. Imediatamente Luan se encantou com o estúdio, realmente "top", na visão do garoto que até então só havia gravado em esquemas amadores, precários.

Sorocaba convocou os músicos de sua dupla, mais experientes do que os da banda de Luan, e recorreram também a áudios de shows, para dar um clima de gravação ao vivo. Daí surgiu o CD *Tô de cara*, o primeiro de Luan distribuído comercialmente, em uma época em que ele ainda não tinha contrato com gravadora. O álbum tinha composições de Sorocaba e de Luan e uma versão de uma música americana. As canções que mais tocavam eram "Meteoro", "Tô de cara", "Minha boca você não beija mais", "A louca", "Você não sabe o que é amor" e "Sinais". O sócio Paulo Pissoloto, mais tarimbado do que Anderson

Ricardo, foi consultado a respeito da estratégia de carreira de Luan e disse que seria melhor investir primeiro no interior do país, para depois chegar às capitais.

Naquele começo de 2009, prestes a completar 18 anos, Luan fazia uma média de doze shows por mês. Surgiu então a ideia de se transferir para Londrina, no norte do Paraná, uma próspera cidade com mais de 500 mil habitantes, a segunda mais populosa do estado, onde Sorocaba fizera faculdade e instalara seu escritório. Mas havia o compromisso de Amarildo com o banco. Ele teria de ficar mais algum tempo em Campo Grande, e Luan foi para Londrina só com Anderson e Marizete, onde alugaram um pequeno apartamento. Bruna, por enquanto, ficaria com Amarildo. Havia também a banda, que, finalmente, Luan conseguira formar. Ele propôs que os músicos também fossem para o Paraná e continuassem com ele, mas nem todos concordaram. Alguns eram casados, outros tinham compromissos profissionais, famílias ou namoradas que não queriam deixar. Só o violonista Juliano de Oliveira Ferro e o técnico de som André Luiz da Rosa aceitaram a mudança. Luan entendeu a situação de cada um, mas precisava encontrar novos músicos, urgentemente.

Sorocaba conhecia muita gente do meio musical em Londrina e sugeriu que Luan falasse com o grupo que se apresentava com a dupla Rodrigo & Rogério na boate Acústico. Luan foi e gostou do que viu. Achou que o violonista Fernando Baron, o baterista Marreta, o baixista Paulinho e o tecladista Peixe estavam em um nível superior ao que ele estava habituado, mas ficou receoso de "roubar" músicos tão bons. Para piorar, na noite em que foi ao Acústico, Rodrigo o chamou ao palco para uma canja. Ele cantou "Meteoro", já com a consciência pesada.

Pouco depois, foi conversar com os músicos e abriu o jogo. Falou do seu projeto, da sociedade com Sorocaba, da mudança para Londrina. Depois conversou com Rodrigo e Rogério, que não gostaram nem um pouco, e Luan teve a primeira oportunidade de sentir o que era estar em uma mesa de jogo com as melhores cartas — o oposto do que havia acontecido em seu embate com a dupla João Bosco & Vinicius.

Os músicos entraram de cabeça no projeto e a eles se juntou Juliano, o único remanescente da banda anterior de Luan, além do técnico de som. No palco, parecia que tudo correria muito bem. Nos escritórios, porém, a situação ia de mal a pior. Como deveria ter sido previsto, não é possível manter a harmonia entre dois empresários do meio musical, com porcentagens iguais. Um sempre tem que dar a palavra final, e o confronto entre Anderson Ricardo e Paulo Pissoloto se acentuou, cada um defendendo seu espaço, certos de que Luan iria longe, e mais certos ainda de que um único palco é pequeno demais para dois grandes egos. A situação era melhor para Anderson, de um lado, e pior para o outro.

Ele já se considerava parte da família, apesar do tempo relativamente curto de convivência, mas o relacionamento era intensificado pelas viagens e pela aposta comum. Porém, Paulo tinha uma condição mais consolidada. No escritório de Sorocaba, Paulo ocupava uma sala espaçosa, luxuosa, decorada com botas de todas as cores e todos os tipos de roupas. E a sala de Anderson mais parecia um depósito, repleta de caixas empilhadas, uma mesa pequena, espremida em um canto.

Paulo tentou fazer sua parte e falou a Luan de um divulgador a quem chamavam de Gersão, que conhecia muito bem o interior do Paraná e poderia dar uma grande ajuda. Gersão parava o carro dele na porta do apartamento de Luan, enchiam a mala de CDs e pegavam a estrada. Em cada cidade, procuravam as rádios, entregavam os discos e Luan dava uma entrevista. Era uma rotina desgastante, de dormir às 3 horas da madrugada e acordar às 7. No fim do dia, Luan estava rouco de dar entrevistas, cantar ao vivo em programas de rádio, acompanhado por um violão, e gravar vinhetas do tipo "Alô, galera de Foz do Iguaçu, aqui é Luan Santana falando ao vivo na rádio Clube". Na rádio Cultura FM de Maringá, a apresentadora, de aparência oriental, disse que não divulgaria Luan, porque só tocavam música "de artista grande". Luan ainda se lembra da cena e da radialista dizendo: "Os senhores podem se retirar. Quando estiver maior você volta."

Houve outras rejeições, evidentemente, mas houve principalmente um acolhimento melhor do que poderiam esperar. As rádios começaram a tocar as músicas de Luan, principalmente "Meteoro", que passou à frente de "Tô de cara" nos pedidos do público e aumentou o número de shows. Luan se apresentou em muitas cidades do Paraná, inclusive na capital, Curitiba, e viu que "ia virar o esquema", que 2009 seria um bom ano.

Logo depois, Sorocaba rompeu com Paulo Pissoloto e houve um rearranjo na sociedade com Luan. Segundo Anderson, depois de uma série de desentendimentos, brigas e uma convivência em um clima impossível de ser mantido, chegou-se a um acordo: Paulo sairia da empresa e, como compensação, receberia um valor na casa dos sete dígitos, em 24 prestações mensais. Sorocaba explica: "Foi complicado o rompimento. O Paulo estava com a dupla desde o começo e crescemos do zero.

Acontece que ele era nosso sócio, e quando fizemos o acordo com o Luan e o Anderson não havia como deixá-lo de fora. Eu não poderia chegar aos nossos shows e ficar falando do Luan Santana, divulgando outro artista, sem incluir o Paulo na sociedade. Mas com o tempo ele mudou muito e começou a estressar forte o Luan. Com isso, conseguiu me estressar também e acabou saindo da dupla Fernando & Sorocaba e depois da empresa com o Luan. Com a dupla foi mais fácil, porque minha parceria com ele era verbal. Lógico que ficou a briga na justiça, que é normal, mas acabamos resolvendo. Em relação à sociedade com o Luan, houve acordo financeiro, o Paulo saiu e pronto."

15. O melhor de todos os anos

O que ficou de melhor foi a amizade entre Luan e Sorocaba. A diferença de idade entre eles é de onze anos, mas aos poucos a relação que começou meio paternal se consolidou como uma verdadeira parceria. Os dois descobriram que tinham gostos, ideias e histórias parecidas e conversavam muito, o tempo todo. Tinha dado liga, segundo Sorocaba: "Não me lembro de nenhum caso de entendimento semelhante, porque tem uma coisa básica no nosso meio: artista não ajuda artista. Existe rivalidade, ego, um monte de coisas. E por que deu certo com o Luan? Eu poderia ter pego outra dupla, mas aí correria o risco de se chocar com o meu trabalho. Luan e eu fazemos um trabalho totalmente diferente um do outro e conseguimos somar."

Em agosto de 2009, nove meses depois da associação com Sorocaba, seria gravado o primeiro CD ao vivo, em Campo Grande, e a partir daí tudo começou a correr mais depressa ainda. Pela primeira vez, de verdade, Luan pensou: agora vai. Sua carreira finalmente deslanchava e alguns fatos lhe davam uma certeza ainda maior de que estava no caminho certo. Um momento inesquecível ocorreu em uma viagem que ele fez com Anderson, em uma das idas e vindas entre Londrina e Campo Grande, no Ford Fiesta do empresário, às vezes madrugada adentro. Anderson dirigia e Luan rodava o dial do rádio quando percebeu que três estações tocavam músicas dele. Na hora ele lembrou o que tinha dito ao pai em outubro de 2007, na estrada de Rio Brilhante, quando falou que só ficaria feliz quando acontecesse o que acabara de acontecer. E ele estava mesmo feliz? É claro que sim, embora cheio de dúvidas, em um mundo tão cheio de novidades, uma a cada instante, como a que acabara de presenciar, as músicas dele tocando ao mesmo tempo em três rádios diferentes, e ele em plena estrada.

Por coincidência, na mesma viagem entre Londrina e Campo Grande, perto de Presidente Prudente, o celular de Anderson tocou, ele atendeu e disse que estava dirigindo. A pessoa que ligou falou, em tom grave, que ele então deveria parar o carro no acostamento porque era um assunto muito sério. Disse que era um artista de Santa Catarina e se chamava Luan Santana. Que trabalhava esse nome havia dez anos, que Luan Santana estava registrado por ele. Anderson, no acostamento, segurou o riso e disse que não sabia disso. Perguntou o tipo de música que o catarinense cantava e ele explicou que era um pouco de tudo, brega, sertanejo, forró, gauchesco, qualquer coisa para qualquer público. Então Anderson explicou: "É o seguinte, infelizmente você vai ter que mudar de nome, porque o meu artista não pode fazer isso. Ele nasceu Luan Santana, está na certidão de nascimento, e vai continuar com ele até ele morrer." O outro Luan Santana ainda tentou: "Se você não mudar o nome desse moleque, eu vou ligar para você todo dia, até você não aguentar mais." Anderson, que havia acabado de se separar da mulher, respondeu: "Rapaz, liga sim, por favor, de preferência quando chegar mais ou menos esse horário, 7 horas, 7 e meia da noite, liga mesmo, porque é a hora que dá mais saudade da minha ex-mulher. Você liga para a gente conversar, para eu desabafar com você." O cantor de todos os tipos de música desligou bravo e nunca mais telefonou.

E o melhor estava para acontecer, a gravação ao vivo em Campo Grande, um ponto de inflexão na carreira de Luan Santana. "Meteoro" fazia sucesso, tocava nas rádios insistentemente, e o show estava marcado para um domingo, com grande público. Ainda melhor, Luan havia assinado um contrato com a Som Livre, a gravadora das Organizações Globo, para que finalmente fosse lançado o primeiro álbum ao vivo, vendido nas lojas, um gostinho que ele ainda não havia sentido. E seria em dose dupla: um CD e um DVD, simultaneamente. Isso resolvia um problema crucial de todo artista iniciante: a distribuição, que só pode ser feita adequadamente e em âmbito nacional por meio de uma grande gravadora. O contato com um representante da Som Livre começou em Jales, no interior de São Paulo, onde Luan fazia um show, em uma iniciativa de Marcelo Toller, gerente artístico da gravadora. Ele ligou para Anderson e disse que andava ouvindo falar muito de Luan, que sabia que era um cantor jovem, desconhecido nos grandes centros, e estava interessado em saber mais detalhes sobre ele. Disse que havia feito uma pesquisa na internet e ficara impressionado, e propôs um encontro com Anderson. Rapidamente foi assinado um contrato, que, depois de prontos o CD e o DVD, logo foi alterado. A Som Livre percebeu que o artista que acabara de abrigar em seu amplo guarda-chuva era mais forte do que imaginara no início. O CD vendeu 250 mil cópias, o DVD, 150 mil, em uma avalanche de discos de ouro e platina. Em pouco tempo, era o disco mais vendido no Brasil, o mais tocado nas rádios, um sucesso absoluto.

Puxado por "Meteoro" e seus versos juvenis, Luan tornou-se um astro no universo sertanejo, algo novo, um adolescente com um toque original em um ambiente dominado por duplas em chapéus de cowboy e botas. Ele vestia camiseta e tênis e era difícil classificá-lo. E a legião de fãs que o descobriu não estava preocupada com classificações, encantada com o rosto jovem, que transmitia uma imagem de espontaneidade, de bom menino, do vizinho do lado, com uma voz que, se não era tão potente, dava conta do recado.

"Meteoro" tinha este refrão: "Te dei o sol, te dei o mar/pra ganhar seu coração/Você é raio de saudade/meteoro da paixão/explosão de sentimentos/que eu não pude acreditar/Ah! Como é bom poder te amar!" Sem contar as repetições dos versos, tem apenas 96 palavras e 413 caracteres. Mas a combinação do apelo engenhoso da música de Sorocaba com o carisma de Luan foi suficiente para transformá-la em fenômeno nacional. E a palavra-chave é mesmo carisma, o tal poder difícil de definir que Luan tem de sobra, sabe-se lá de onde veio.

O meteoro "estourou", e o curioso é que tanto a mídia como o público e o próprio Luan incorporaram a imagem. Até hoje, como fez o locutor da rádio Nativa encarregado de apresentar Luan no show de julho de 2015 em Itapecerica da Serra, mantém-se a imagem do meteoro, sem que as pessoas envolvidas pensem no sentido do termo. "Vem aí Luan Santana, o garoto meteoro", bradou o locutor em show recente. Meteoro, de fato, é um fenômeno fugaz, o resultado da entrada na atmosfera de uma rocha perdida no espaço. É uma estrela cadente, um objeto no fim de sua existência, uma luz passageira. Luan, ao contrário, surgia em 2009 como um astro com luz própria, com um carisma indefinível que provocava discussões.

Sorocaba diz que compôs "Meteoro" em uns 15 minutos, em uma época em que era muito namorador e estava com uma menina no apartamento dele: "Quando ela saiu, eu me senti inspirado, fui para o quarto e aconteceu uma coisa louca. Parece que a canção baixou em mim de uma vez, letra e música, em 15 minutos, prontinha. Depois só lapidei, troquei uma ou outra palavra, mas foi uma das músicas que fiz em menos tempo em minha carreira, e olha que já compus mais de duzentas. Com aquela linguagem jovem, era perfeita para Luan, e fez esse sucesso estrondoso", relembra Sorocaba. Ele diz que algumas de suas composições, como "Paga pau" e "Madri", tiveram grande repercussão e foram muito tocadas, mas, em termos de direitos autorais, nenhuma superou "Meteoro".

O fato é que a música contribuiu decisivamente para que Luan mudasse de patamar, deixando de ser um artista regional para alcançar todo o país. Além disso, haveria o show para a gravação ao vivo do CD e do DVD em Campo Grande, inesquecível, em todos os sentidos.

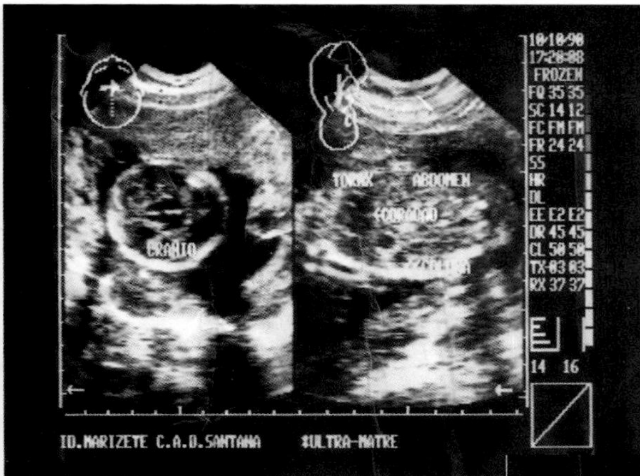

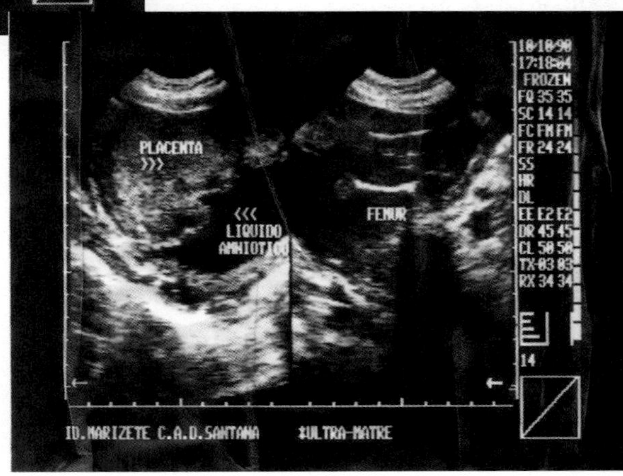

O primeiro ultrassom feito por Marizete, em outubro de 1990, quase cinco meses antes do nascimento de Luan.

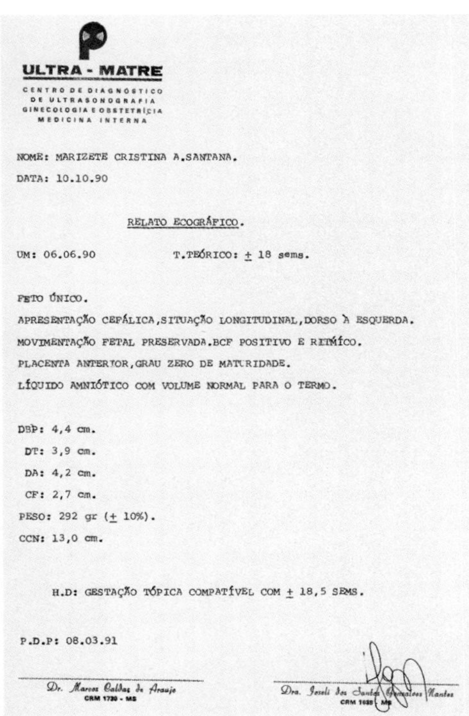

ULTRA - MATRE

CENTRO DE DIAGNOSTICO DE ULTRASONOGRAFIA GINECOLOGIA E OBSTETRÍCIA MEDICINA INTERNA

NOME: MARIZETE CRISTINA A.SANTANA.

DATA: 10.10.90

RELATO ECOGRÁFICO.

UM: 06.06.90 T.TEÓRICO: ± 18 sems.

FETO ÚNICO.

APRESENTAÇÃO CEFÁLICA,SITUAÇÃO LONGITUDINAL,DORSO À ESQUERDA.

MOVIMENTAÇÃO FETAL PRESERVADA.BCF POSITIVO E RITMÍCO.

PLACENTA ANTERIOR,GRAU ZERO DE MATURIDADE.

LÍQUIDO AMNIÓTICO COM VOLUME NORMAL PARA O TERMO.

DBP: 4,4 cm.

DT: 3,9 cm.

DA: 4,2 cm.

CF: 2,7 cm.

PESO: 292 gr (± 10%).

CCN: 13,0 cm.

H.D: GESTAÇÃO TÓPICA COMPATÍVEL COM ± 18,5 SEMS.

P.D.P: 08.03.91

Dr. Marcos Caldas de Araujo
CRM 1730 - MS

Dra. Joseli dos Santos Gonçalves Nantes
CRM 1633 - MS

O resultado do ultrassom saiu quando Marizete estava na 18ª semana de gestação, com resultados normais.

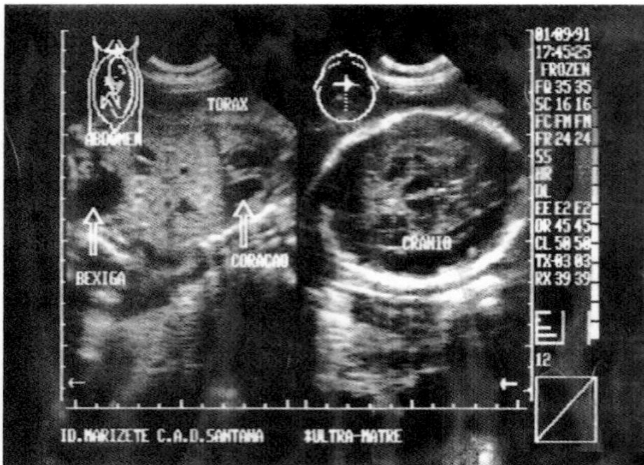

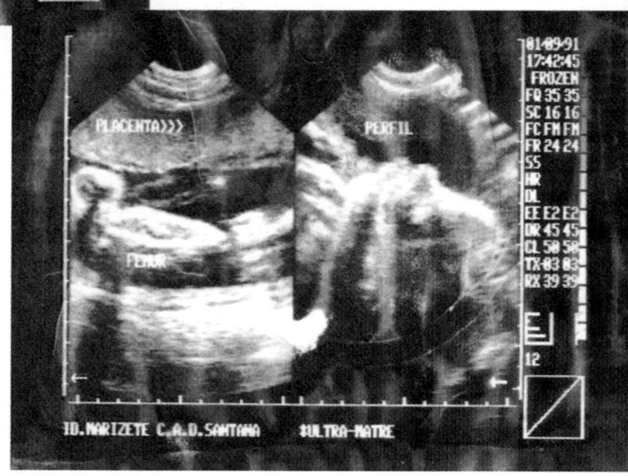

Um novo ultrassom foi feito
em janeiro de 1991,
dois meses antes do parto.

ULTRA - MATRE
CENTRO DE DIAGNÓSTICO
DE ULTRASONOGRAFIA
GINECOLOGIA E OBSTETRÍCIA
MEDICINA INTERNA

NOME: MARIZETE CRISTINA D.SANTANA.
DATA: 09.01.91

RELATO ECOGRÁFICO.

UM: 06.06.90 T.TEÓRICO: ± 31 sems.

FETO ÚNICO.
APRESENTAÇÃO PÉLVICA,SITUAÇÃO LONGITUDINAL,DORSO À DIREITA.
MOVIMENTAÇÃO FETAL PRESERVADA.BCF POSITIVO E RÍTMICO.
PLACENTA ANTERIOR,GRAU I-II DE MATURIDADE.
LÍQUIDO AMNIÓTICO COM VOLUME NORMAL PARA O TERMO,GRUMOS AUSENTES.

DBP: 8,2 cm.
DT: 7,7 cm.
DA: 8,3 cm.
CF: 5,8 cm.
PESO: 1950 gr (± 10%).

H.D: GESTAÇÃO TÓPICA COMPATÍVEL COM ± 31,5 SEMS.

P.D.P: 08.03.91

Na 31ª semana de gestação,
tudo normal.

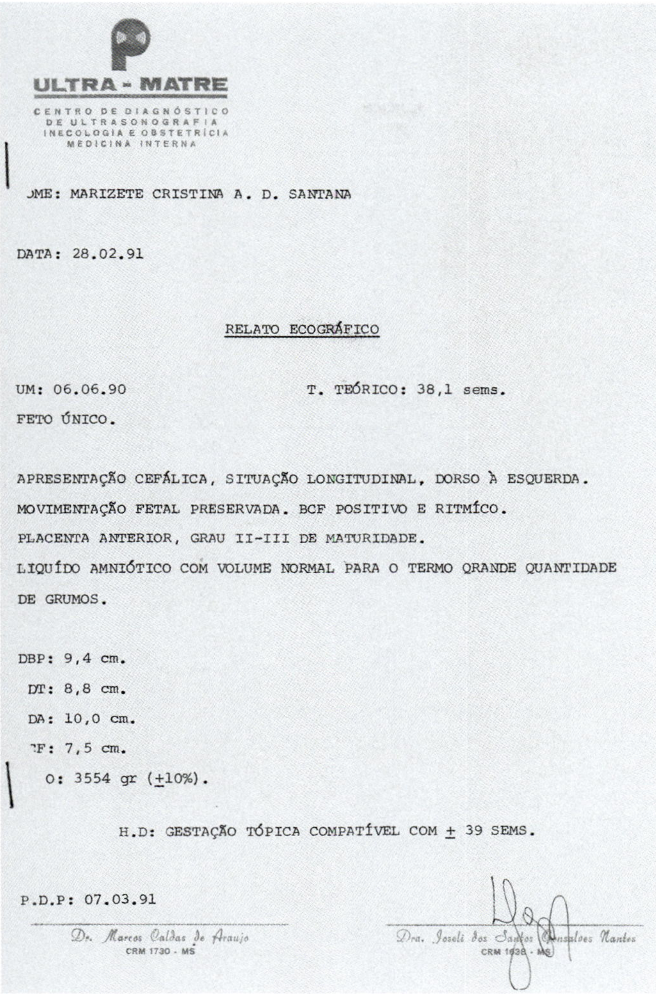

ULTRA - MATRE

CENTRO DE DIAGNÓSTICO
DE ULTRASONOGRAFIA
INECOLOGIA E OBSTETRÍCIA
MEDICINA INTERNA

OME: MARIZETE CRISTINA A. D. SANTANA

DATA: 28.02.91

RELATO ECOGRÁFICO

UM: 06.06.90 T. TEÓRICO: 38,1 sems.

FETO ÚNICO.

APRESENTAÇÃO CEFÁLICA, SITUAÇÃO LONGITUDINAL, DORSO À ESQUERDA.
MOVIMENTAÇÃO FETAL PRESERVADA. BCF POSITIVO E RITMÍCO.
PLACENTA ANTERIOR, GRAU II-III DE MATURIDADE.
LIQUÍDO AMNIÓTICO COM VOLUME NORMAL PARA O TERMO QRANDE QUANTIDADE DE GRUMOS.

DBP: 9,4 cm.
DT: 8,8 cm.
DA: 10,0 cm.
CF: 7,5 cm.
O: 3554 gr (±10%).

H.D: GESTAÇÃO TÓPICA COMPATÍVEL COM ± 39 SEMS.

P.D.P: 07.03.91

Dr. Marcos Caldas de Araujo
CRM 1730 - MS

Dra. Joseli dos Santos Gonsalves Nantes
CRM 1038 - MS

Na 38ª semana de gestação, os exames permaneciam bons, mas Luan não estava com pressa de nascer.

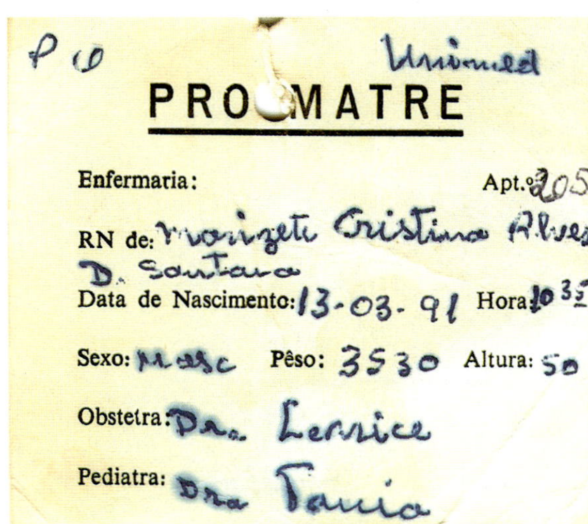

P (I) Unimed

PROMATRE

Enfermaria: Apt.º 205

RN de: Marizete Cristina Alves D. Santana

Data de Nascimento: 13-03-91 Hora: 10 35

Sexo: masc Pêso: 3530 Altura: 50

Obstetra: Dra. Lerrice

Pediatra: Dra Tania

Depois do parto, a mãe de Luan ficou no apartamento 205 da maternidade Pró-Matre.

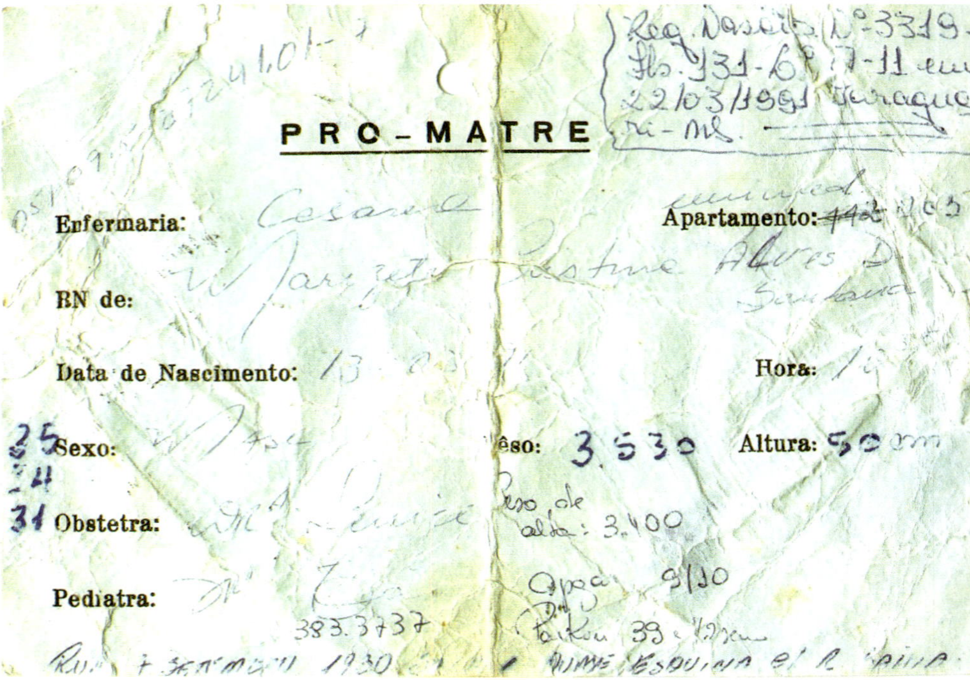

PRO-MATRE

Enfermaria:

Apartamento:

RN de:

Data de Nascimento:

Hora:

Sexo:

Peso: 3.530

Altura: 50 cm

Obstetra:

Peso de alta: 3.400

Pediatra:

Apgar 9/10

A ficha de controle da maternidade informa que Luan nasceu com 3,530 kg e 50 cm; no dia da alta, seu peso havia caído para 3,4 kg.

Marca dos pezinhos de Luan, na maternidade Pró-Matre.

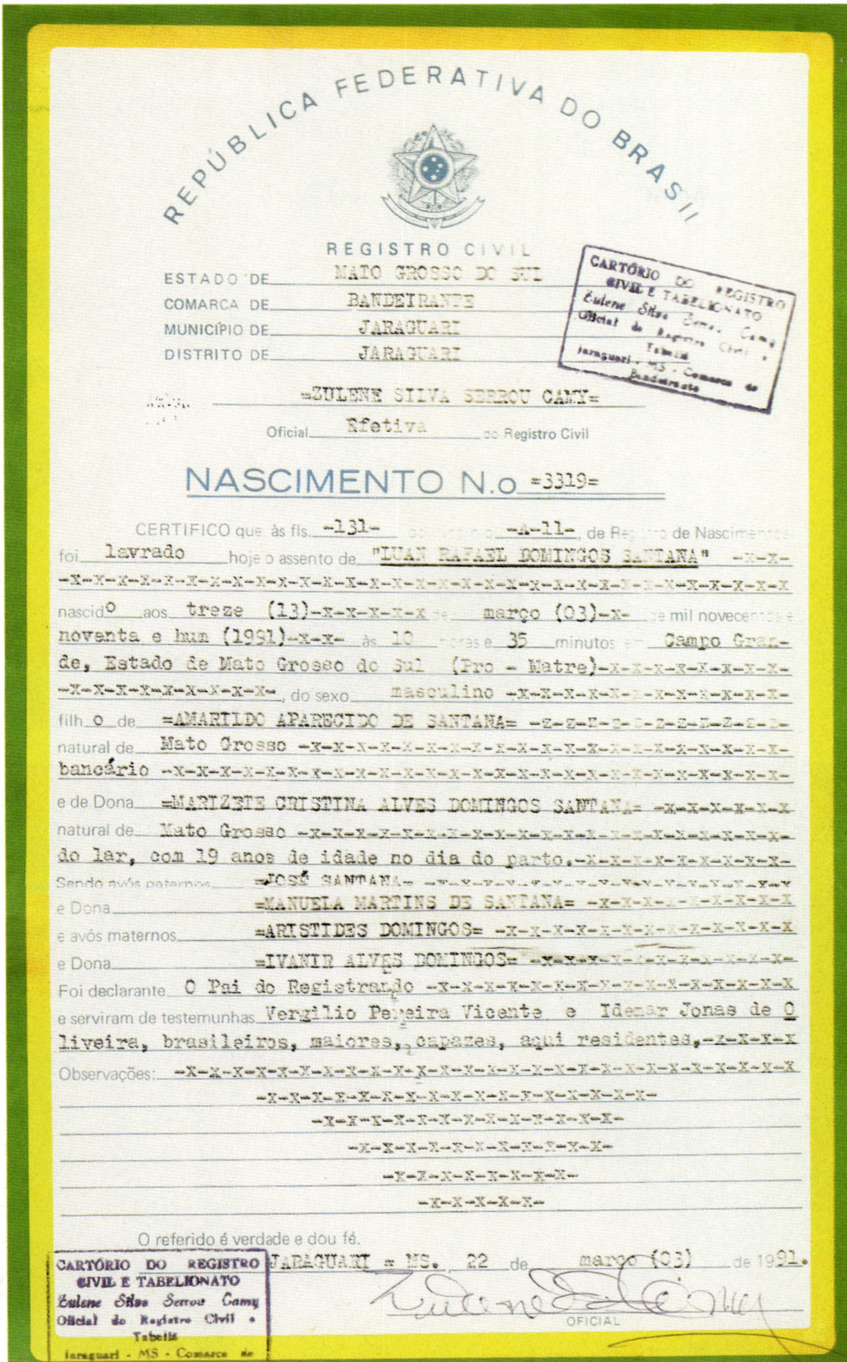

REPÚBLICA FEDERATIVA DO BRASIL

REGISTRO CIVIL

ESTADO DE MATO GROSSO DO SUL
COMARCA DE BANDEIRANTE
MUNICÍPIO DE JARAGUARI
DISTRITO DE JARAGUARI

CARTÓRIO DO REGISTRO CIVIL E TABELIONATO
Zulene Silva Serrou Camy
Oficial do Registro Civil e Tabeliã
Jaraguari - MS - Comarca de Bandeirante

=ZULENE SILVA SERROU CAMY=
Oficial Efetiva do Registro Civil

NASCIMENTO N.o =3319=

CERTIFICO que às fls. -131- do livro -A-11-, de Registro de Nascimentos foi lavrado hoje o assento de "LUAN RAFAEL DOMINGOS SANTANA" -x-x-x-x-x-x-x-x-x-x-x-x-x-x-x-x-x-x-x-x-x-x-x-x-x-x-x-x-x-x-x-x-x-x

nascido aos treze (13)-x-x-x-x-x de março (03)-x- de mil novecentos e noventa e hum (1991)-x-x- às 10 horas e 35 minutos em Campo Grande, Estado de Mato Grosso do Sul (Pro - Matre)-x-x-x-x-x-x-x-x-x-x-x-x-x-x-x-x-x-, do sexo masculino -x-x-x-x-x-x-x-x-x-x-x-x-

filho de =AMARILDO APARECIDO DE SANTANA= -x-x-x-x-x-x-x-x-x-

natural de Mato Grosso -x-x-x-x-x-x-x-x-x-x-x-x-x-x-x-x-x-x-x-x-

bancário -x-x-x-x-x-x-x-x-x-x-x-x-x-x-x-x-x-x-x-x-x-x-x-x-

e de Dona =MARIZETE CRISTINA ALVES DOMINGOS SANTANA= -x-x-x-x-x-x

natural de Mato Grosso -x-x-x-x-x-x-x-x-x-x-x-x-x-x-x-x-x-x-x-x-

do lar, com 19 anos de idade no dia do parto.-x-x-x-x-x-x-x-x-x-

Sendo avós paternos =JOSÉ SANTANA= -x-x-x-x-x-x-x-x-x-x-x-x-x-

e Dona =MANUELA MARTINS DE SANTANA= -x-x-x-x-x-x-x-x-x

e avós maternos =ARISTIDES DOMINGOS= -x-x-x-x-x-x-x-x-x-x-x-x

e Dona =IVANIR ALVES DOMINGOS= -x-x-x-x-x-x-x-x-x-x-x-

Foi declarante O Pai do Registrando -x-x-x-x-x-x-x-x-x-x-x-x-x-x-x-x

e serviram de testemunhas Vergilio Pereira Vicente e Idemar Jonas de Oliveira, brasileiros, maiores, capazes, aqui residentes,-x-x-x-x

Observações: -x-x-x-x-x-x-x-x-x-x-x-x-x-x-x-x-x-x-x-x-x-x-x-x-x-x-x-x-x-x-x

-x-x-x-x-x-x-x-x-x-x-x-x-x-x-x-x-x-x-

-x-x-x-x-x-x-x-x-x-x-x-x-x-x-

-x-x-x-x-x-x-x-x-x-x-x-x-x-

-x-x-x-x-x-x-x-x-x-

-x-x-x-x-x-

O referido é verdade e dou fé.

JARAGUARI = MS. 22 de março (03) de 1991.

CARTÓRIO DO REGISTRO CIVIL E TABELIONATO
Zulene Silva Serrou Camy
Oficial do Registro Civil e Tabeliã
Jaraguari - MS - Comarca de Bandeirante

OFICIAL

O nascimento foi registrado no cartório de Jaraguari no dia 22 de março de 1991.

Luan aos 6 meses, na casa
da rua do Livramento,
em Campo Grande, em
setembro de 1991.

Luan aos 6 meses no colo da mãe, Marizete.

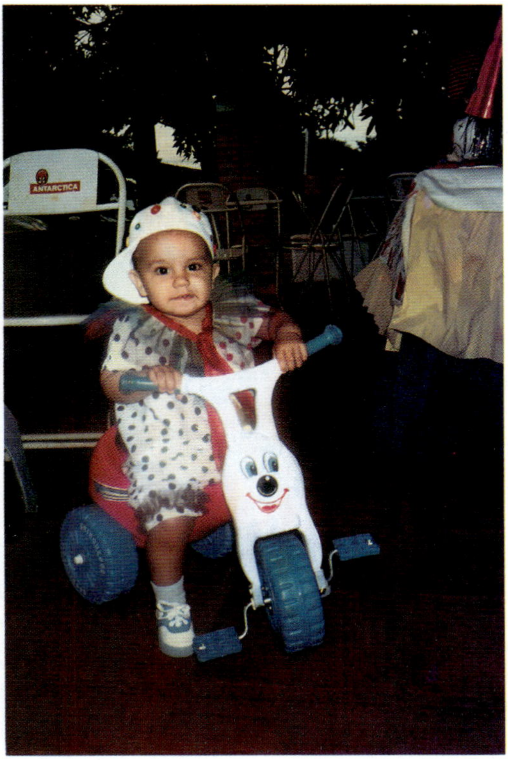

No primeiro aniversário, em março de 1992, Luan ganhou a moto de plástico "rebinha" na qual acabaria quebrando um dente.

No colo da mãe, Luan comemora o primeiro aniversário e ouve o pai, Amarildo, cantar o parabéns, em março de 1992.

Luan recebeu o batismo na igreja de Nossa Senhora de Fátima, em Campo Grande, quando tinha 1 ano e 10 meses.

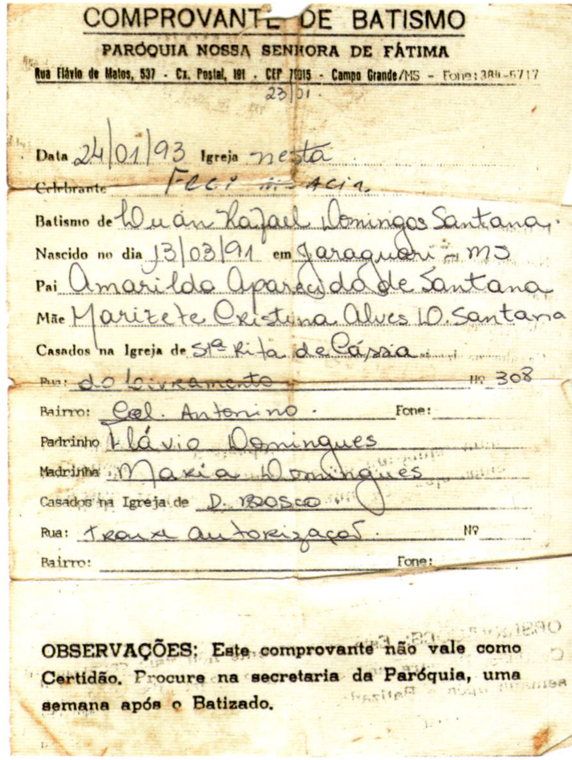

COMPROVANTE DE BATISMO

PARÓQUIA NOSSA SENHORA DE FÁTIMA

Rua Flávio de Matos, 537 - Cx. Postal, 191 . CEP 79015 - Campo Grande/MS - Fone: 384-6717

23/01

Data 24/01/93 Igreja nesta

Celebrante [illegible]

Batismo de Luan Rafael Domingos Santana

Nascido no dia 13/03/91 em Jaraguari - MS

Pai Amarildo Aparecido de Santana

Mãe Marizete Cristina Alves D. Santana

Casados na Igreja de Sta Rita de Cássia

Rua: do Livramento Nº 308

Bairro: Cel. Antonino Fone:

Padrinho Flávio Domingues

Madrinha Maria Domingues

Casados na Igreja de D. Bosco

Rua: traxe autorização Nº

Bairro: Fone:

OBSERVAÇÕES: Este comprovante não vale como Certidão. Procure na secretaria da Paróquia, uma semana após o Batizado.

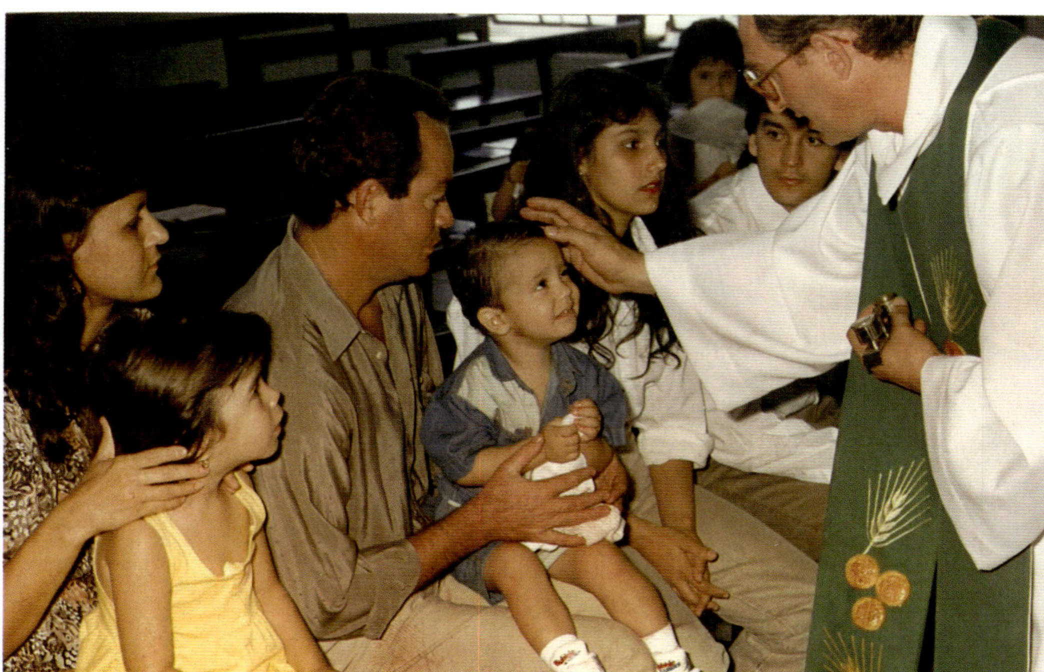

Em seu batismo, Luan está no colo do padrinho, o tio Flávio Domingos, ao lado da mãe e do pai (à direita), ambos muitos jovens.

No fusca vermelho do pai, em Manaus, em 1994.

Clicado por um fotógrafo profissional de Manaus, em 1994.

Reprodução

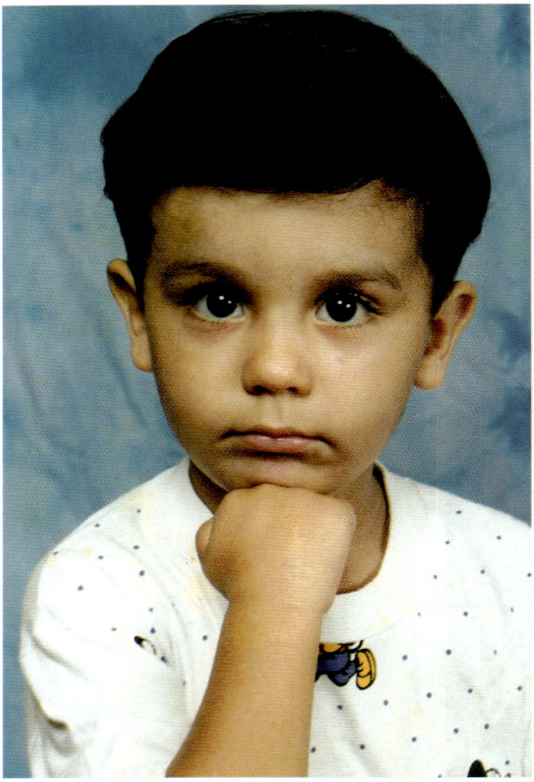

Pose com cara de sério no dia em que foi a um estúdio fotográfico em Manaus, aos 3 anos.

Reprodução

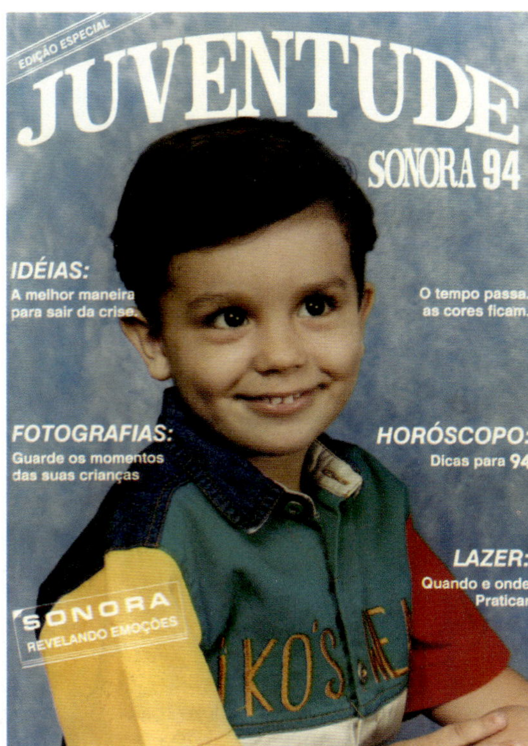

A primeira "capa de revista", aos 3 anos, em Manaus; depois viriam centenas de outras, de verdade.

Luan ganhou a primeira bicicleta também em Manaus, em setembro de 1994.

Aos 4 anos, com a camisa da seleção brasileira, em Campo Grande.

Na casa em Campo Grande, em 1995, um torcedor do Corinthians não muito fanático.

Luan feliz com a irmã Bruna, então com apenas 2 meses, na casa da rua do Livramento, em Campo Grande, em julho de 1995.

Vivendo perigosamente no quintal da casa da avó materna, Ivanir, em Jaraguari, em 1995.

No tapete da sala da casa em Campo Grande, o violão de brinquedo que ganhou aos 4 anos.

Exibindo os óculos escuros com a irmã Bruna e o tio Max, quase de sua idade, em Campo Grande, em 1996.

Em seu quarto na casa da rua do Livramento, em Campo Grande, pronto para o primeiro dia de aula, em 1996.

Aos 5 anos, Luan segue para o primeiro dia de aula no Centro de Ensino Carandá Bosque.

De cowboy, acompanha a irmã Bruna à festa junina da escola em Campo Grande, em 1997.

Entre o pai e a mãe na festa de aniversário de 6 anos em Campo Grande, em março de 1997.

Formatura no Centro de Ensino Carandá Bosque, em Campo Grande, em 1997.

Fingindo-se de adulto em apresentação no Colégio Diocesano, em Assis (SP), aos 9 anos, em 2000. A tradicional escola fechou as portas e o prédio foi demolido em 2015.

Quem come a minha carne
e bebe o meu sangue
permanece em mim
e eu nêle.
Jo 6, 56

Lembrança
da
Primeira Comunhão

de:
Luan R. D. Santana

Realizada na Igreja:
Paróquia Sagrado Coração
de Jesus "Catedral"

em:
Assis, 25 Novembro de 2001.

[illegible]
Celebrante

TEMPLO
Nº 248

A primeira comunhão ocorreu na Catedral de Assis, aos 10 anos.

Aos 10 anos, no estúdio da rádio em Assis, onde gravou um CD amador com doze músicas.

Com apenas 10 anos, Luan já cantava em festivais em Assis.

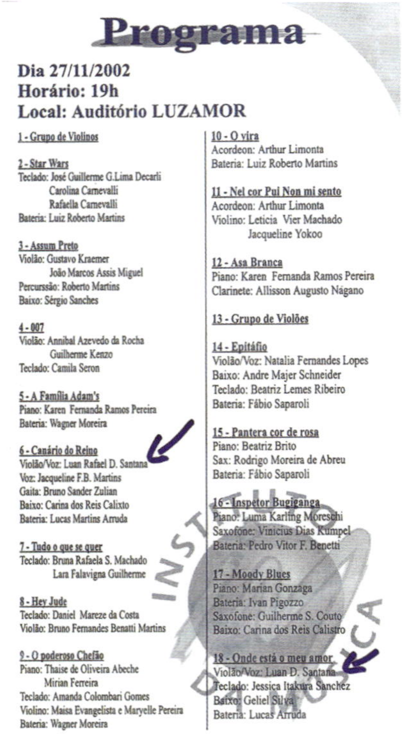

Programa

Dia 27/11/2002
Horário: 19h
Local: Auditório LUZAMOR

1 - Grupo de Violinos

2 - Star Wars
Teclado: José Guillerme G.Lima Decarli
Carolina Carnevalli
Rafaella Carnevalli
Bateria: Luiz Roberto Martins

3 - Assum Preto
Violão: Gustavo Kraemer
João Marcos Assis Miguel
Percurssão: Roberto Martins
Baixo: Sérgio Sanches

4 - 007
Violão: Annibal Azevedo da Rocha
Guilherme Kenzo
Teclado: Camila Seron

5 - A Família Adam's
Piano: Karen Fernanda Ramos Pereira
Bateria: Wagner Moreira

6 - Canário do Reino
Violão/Voz: Luan Rafael D. Santana
Voz: Jacqueline F.B. Martins
Gaita: Bruno Sander Zulian
Baixo: Carina dos Reis Calixto
Bateria: Lucas Martins Arruda

7 - Tudo o que se quer
Teclado: Bruna Rafaela S. Machado
Lara Falavigna Guilherme

8 - Hey Jude
Teclado: Daniel Mareze da Costa
Violão: Bruno Fernandes Benatti Martins

9 - O poderoso Chefão
Piano: Thaise de Oliveira Abeche
Mirian Ferreira
Teclado: Amanda Colombari Gomes
Violino: Maisa Evangelista e Maryelle Pereira
Bateria: Wagner Moreira

10 - O vira
Acordeon: Arthur Limonta
Bateria: Luiz Roberto Martins

11 - Nel cor Pui Non mi sento
Acordeon: Arthur Limonta
Violino: Leticia Vier Machado
Jacqueline Yokoo

12 - Asa Branca
Piano: Karen Fernanda Ramos Pereira
Clarinete: Allisson Augusto Nágano

13 - Grupo de Violões

14 - Epitáfio
Violão/Voz: Natalia Fernandes Lopes
Baixo: Andre Majer Schneider
Teclado: Beatriz Lemes Ribeiro
Bateria: Fábio Saparoli

15 - Pantera cor de rosa
Piano: Beatriz Brito
Sax: Rodrigo Moreira de Abreu
Bateria: Fábio Saparoli

16 - Inspetor Bugiganga
Piano: Luma Karling Moreschi
Saxofone: Vinicius Dias Kumpel
Bateria: Pedro Vitor F. Benetti

17 - Moody Blues
Piano: Marian Gonzaga
Bateria: Ivan Pigozzo
Saxofone: Guilherme S. Couto
Baixo: Carina dos Reis Calistro

18 - Onde está o meu amor
Violão/Voz: Luan D. Santana
Teclado: Jessica Itakura Sanchez
Baixo: Geliel Silva
Bateria: Lucas Arruda

Aos 11 anos, Luan tocou violão e cantou duas músicas na festa do Conservatório de Música da Fundação Luzamor, em Maringá (PR).

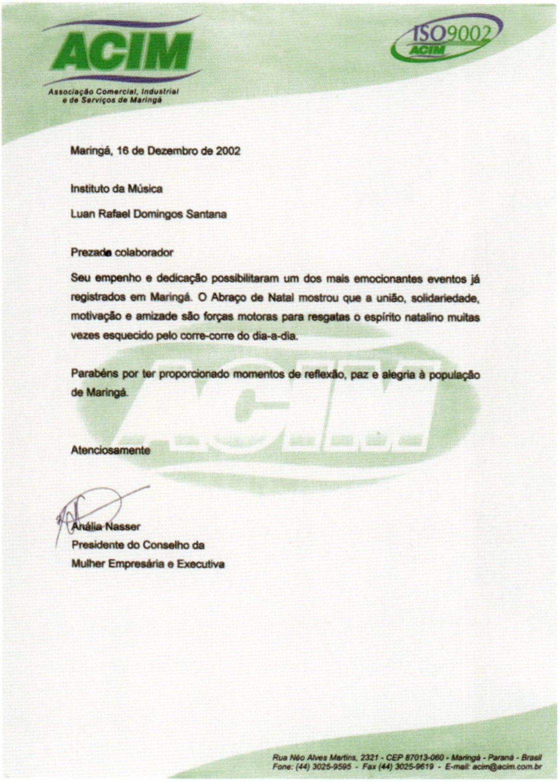

ACIM

ISO 9002 ACIM

Associação Comercial, Industrial e de Serviços de Maringá

Maringá, 16 de Dezembro de 2002

Instituto da Música

Luan Rafael Domingos Santana

Prezado colaborador

Seu empenho e dedicação possibilitaram um dos mais emocionantes eventos já registrados em Maringá. O Abraço de Natal mostrou que a união, solidariedade, motivação e amizade são forças motoras para resgatas o espírito natalino muitas vezes esquecido pelo corre-corre do dia-a-dia.

Parabéns por ter proporcionado momentos de reflexão, paz e alegria à população de Maringá.

Atenciosamente

Anália Nasser
Presidente do Conselho da
Mulher Empresária e Executiva

Rua Néo Alves Martins, 2321 - CEP 87013-060 - Maringá - Paraná - Brasil
Fone: (44) 3025-9595 - Fax (44) 3025-9619 - E-mail: acim@acim.com.br

A Associação Comercial de Maringá agradece a participação de Luan no Abraço de Natal, em 2002.

O violão Giannini foi comprado em 2003, em Maringá, quando Luan tinha 12 anos.

Apresentação em um festival em Maringá, aos 12 anos.

Em um barco em pleno rio Miranda, no Pantanal, em setembro de 2005, durante uma pescaria com o pai.

AUXILIADORA CENSA

CENTRO DE ENSINO NOSSA SENHORA AUXILIADORA – MS

Campo Grande, 25 de abril de 2006.

Senhores Pais:

Queremos parabenizá-los pelo resultado que o aluno **Luan Rafael D. Santana** obteve no simulado de 08/04, ficando em **1º lugar** na classificação geral dos primeiros anos.

O sucesso nos estudos depende do empenho, da responsabilidade e do interesse do aluno, somados a orientação dos pais e ao acompanhamento da Escola.

Esperamos que essa parceria cresça a cada dia!

Atenciosamente,

Aparecida de Fátima Cenci Russo
Coordenadora da Ação Educativa

Gisela Silva Suppo D'Andréa
Coordenadora Pedagógica

Bom aluno: aos 15 anos, ficou em primeiro lugar em simulado do Colégio Nossa Senhora Auxiliadora, em Campo Grande.

MINISTÉRIO DA DEFESA

CERTIFICADO DE ALISTAMENTO MILITAR

473315 - 09

Retrato 3X4 com o Selo Nacional

I

30048 201910 0

LUANN RAFAEL DOMINGOS SANTANA

13 03 1991 79000 CAMPO GRANDE MS

RUA ORLANDO NOGUEIRA CENTRO N 441

CENTRO 79440 32851403 79440

I 20 2GRAU COMPLETO M

17144 MUSICO I SOLTEIRO

AMARILDO APARECIDO DE SANTANA
MARIZETE CRISTINA ALVES DOMINGOSSANTANA

180 BRANCA LISO CASTANHO

NAO APRESENTA

JARAGUARI MS 2DEL sm

JSM 048 JARAGUARI MS 24 03 2009

Bruno Ricardo Silva Rodrigues
Secretário Junta Serviços Militar nº 48
Portaria nº 027/06/GP

DECLARO QUE NÃO ME ALISTEI EM QUALQUER OUTRO ÓRGÃO ALISTADOR

Luan D Santana
ASSINATURA DO ALISTADO

POLEGAR DIREITO

C NASCIMENTO 3319 A II 131 22/03/1991

CAMPO GRANDE MS

PARA USO NA CS — PARA USO EM CASO DE TRANSFERÊNCIA

30048201910 0 30048201910 0 30048201910 0

JAN - 2003

LUANN RAFAEL DOMINGOS SANTANA 30048201910 0 CL 1991

Aos 18 anos, Luan fez o alistamento militar, cujo certificado informa sua altura, 1,80 m, e a profissão: músico, claro, e já famoso.

AgNews

Em agosto de 2010, "voando" durante show no Citibank Hall, no Rio de Janeiro, no auge de sua paixão por recursos técnicos.

Eduardo Martins / Ag. A Tarde / Futura Press

Alvo do olhar encantado de Ivete Sangalo, sua parceira em "Química do amor", no desfile do bloco Coruja no Carnaval de Salvador, em março de 2011.

Leco Viana / Futura Press

Com a banda que formou, em 2009, em Londrina e que o acompanhou nos anos de consolidação da carreira.

AgNews

Na frente do belo cenário "anos 50" criado para a turnê acústica.

AgNews

Show de gravação do DVD Acústico, no Estúdio Quanta, em São Paulo, em 17 de dezembro de 2014.

Mauricio Santana / Corbis / Latinstock

Em março de 2015, quando fez três shows no Citibank Hall, em São Paulo.

16. Um dilúvio no Parque da Prosa

Era um domingo, 23 de agosto de 2009, Luan com 18 anos em sua cidade natal. De repente, o que seria o grande dia começou a parecer um desastre completo. Um temporal desabou sobre a capital do Mato Grosso do Sul, uma tempestade típica daquela região do centro-oeste, ali bem perto do Pantanal, uma região onde as águas reinam. E era muita água. Luan olhou para o céu e desanimou. Não daria tempo para mudar a data do show e fazer uma boa divulgação. Era um clima desolador.

A apresentação seria no Parque da Prosa, oficialmente Parque das Nações Indígenas, uma imensa área verde com 119 hectares no alto da avenida Afonso Pena, o maior parque urbano do mundo, segundo o pessoal da cidade. É um lugar bonito, banhado pelos córregos Joaquim Português e Desbarrancado, no chapadão do cerrado mato-grossense. Luan queria que fosse uma superprodução, com custo de R$ 400 mil, o que parecia um investimento muito acima das possibilidades dele naquele momento, quando o sucesso apenas começava a acontecer. Ele imaginou um palco imenso, com muitos efeitos especiais, como nos shows dos astros estrangeiros que via na TV e na internet.

Mas é pouco dizer que naquele domingo houve um temporal. Estava mais para dilúvio, que derrubou parte da estrutura do palco e tornou impossível a realização de um show ao ar livre. Nem pensar. Por pior que parecesse, a única solução seria adiar. No dia seguinte, 24 de agosto, Anderson Ricardo completaria 29 anos, mas com tamanho imprevisto e tantos problemas pela frente nem dava para pensar em comemoração. O show se realizaria dois dias depois, na terça-feira, 26.

Conformado, Luan achou que se aparecessem 10 mil pessoas estaria bom demais. Com um jogo de imagem já daria para filmar. "Estávamos pensando que haveria muita gente no domingo, até porque a apresentação era gratuita, mas com o adiamento não teríamos tempo para anunciar direito o show na terça-feira. Achei que a gente ia se ferrar, mas fazer o quê?", ele lembra. Nos extras do DVD desse show, chama atenção a cara de autêntica surpresa de Luan quando ele entra no palco e olha para o público. "Foi uma das coisas mais incríveis da minha vida. Dos bastidores eu não tinha visão do público e, naquela confusão, ninguém me disse quanta gente estava lá. Entrei no palco como havia sido programado, correndo e dando um soco no ar, e de repente olho para a frente e vejo aquele mar de gente. Foi mágico, uma sensação indescritível. Até onde minha vista alcançava tinha gente que não acabava mais", conta Luan.

O resultado das vendas do CD e do DVD gravados naquele dia já faz parte da história da indústria fonográfica brasileira, em um período em que a internet conspirava contra as gravadoras, crescia o hábito de baixar músicas na rede, gratuitamente, e a vendagem dos discos despencava de forma dramática. De uma hora para a outra, de maneira sintomática, reduziu-se o limite de classificação de discos de ouro e platina — de 100 mil para 40 mil, no primeiro caso, e de 250 mil para 80 mil, no segundo. Luan vendeu 400 mil CDs e DVDs do show gravado no Parque das Nações Indígenas. O escritório em Londrina teve uma parede quase inteira coberta por discos de ouro e platina.

O melhor é que nada menos do que 85 mil pessoas foram ouvi-lo, um público raras vezes reunido em um show de música, de qualquer gênero e em qualquer lugar do mundo. Quando se apresentou em São Paulo em 21 de novembro de 2010, no estádio do Morumbi, o ex-Beatles Paul McCartney cantou para 64 mil pessoas, número considerado extraordinário. Em 14 de dezembro de 2008, o show da turnê Sticky & Sweet da superstar Madonna atraiu 70 mil pessoas ao estádio do Maracanã, no Rio de Janeiro. Em 31 de março de 2011, Ozzy Osborne abriu sua turnê brasileira no ginásio Gigantinho, em Porto Alegre, para um público de 12 mil pessoas — isso, para ficar em celebridades globais da música. Para coroar o sucesso, o CD gravado por Luan em Campo Grande foi indicado ao prêmio Grammy Latino, na categoria Melhor Álbum de Música Sertaneja.

E era apenas o começo de anos fabulosos, de sucesso crescente. Enfim Luan tinha um contrato com uma grande gravadora, um CD e um DVD vitoriosos, contava com uma banda fixa, com bons músicos, que ficariam com ele nos anos seguintes, e além de tudo o dinheiro chegava. Sonhos antigos começavam a se realizar, como sua participação na Festa do Peão de Boiadeiro de Barretos, interior de São Paulo, a maior do gênero que ganhou o interior do país. Artista sertanejo que pretende ser importante tem que ter no currículo pelo menos uma apresentação em Barretos. Anderson Ricardo lembra bem do dia em que foram fazer um show na cidade, fora do período da festa, e Luan quis conhecer o parque onde ocorria o rodeio. Olhando em volta, Luan perguntou: "Anderson, será que um dia ainda vou tocar aqui?" "É claro que sim", respondeu Anderson. Era só ter um pouco de paciência. Em 2008, Anderson pagou R$ 3.500 para que Luan fizesse um show em Barretos, em um palco alternativo da festa do peão, separado das grandes atrações. Menos de dois anos depois, em agosto de 2010, Luan provocou um congestionamento intransponível em todas as estradas de acesso à cidade e se apresentou para um público de 60 mil pessoas, enquanto outras 150 mil tentavam ouvir alguma coisa na área do parque. Foi uma comoção em Barretos, e Luan saiu de lá com o título de embaixador da festa e com o cachê recorde de R$ 400 mil, inteiramente doado a um hospital de tratamento de câncer da cidade.

Em 2010, poucos meses depois do show no Parque da Prosa, Luan, Anderson e Amarildo ficaram um pouco assustados. Tudo estava correndo mais depressa do que imaginavam, fugindo do controle. Amarildo já voltara havia um bom tempo de Campo Grande e a família estava novamente reunida em Londrina. O CD tocava em todos os lugares. Eles iam a uma festa ou a um barzinho e estavam tocando as músicas de Luan. Nas rádios, a mesma coisa. A reposição do estoque do CD e do DVD não dava conta do ritmo da procura. O sucesso inflacionou o preço dos shows de Luan, evidentemente, e já ultrapassava o cachê de astros sertanejos como Chitãozinho & Xororó e Zezé di Camargo & Luciano. Era o momento de Luan, que se tornou rapidamente um dos cinco artistas mais bem pagos do Brasil, aos 19 anos.

17. Hora de acelerar

Os anos difíceis haviam ficado para trás, em termos financeiros. Dinheiro não era mais problema. Mas a correria estava apenas começando, e em ritmo cada vez mais acelerado. O sucesso no meio musical é atordoante e não dá espaço para relaxamento. Se o cantor está no auge, ganhando mais dinheiro do que consegue gastar, é exatamente aí que ele tem de se dedicar ainda mais, fazer mais shows, trabalhar mais, correr mais. Era o que acontecia com Luan em 2010, inevitavelmente, e se não fosse assim haveria o risco de ficar para trás, perder espaço para alguém que se inspirasse em sua imagem de cantor-solo-sertanejo-novinho para surgir como a novidade.

Fãs são entes extremamente contraditórios, fiéis a um ídolo ao qual se entregam de corpo e coração, mas volúveis a ponto de transferir essa paixão a outro sem muita dificuldade nem consciência. Luan, cada vez mais crítico a respeito de suas próprias qualidades, sabia muito bem disso e queria consolidar sua carreira em bases mais sólidas, menos sujeitas a imprevistos. Transcorriam os primeiros meses do ano, tudo era estável em Londrina, mas sua vida corria em alta velocidade, com cerca de vinte shows por mês, cada um em uma cidade diferente. Em 2010, foram nada menos do que 230 apresentações, o que dá a média de um show a cada um dia e meio. No ano anterior, o número havia sido ainda maior, quase inacreditável: 300 shows. É um ritmo desgastante, só suportável para quem gosta muito do que faz.

Sempre havia a ideia de reduzir o número de shows, mas o plano acabava sendo adiado. Cinco anos depois, já com a carreira consolidada, Luan ainda mantinha essa sequência de apresentações, apenas em velocidade um pouco menor. Mesmo assim, é impressionante. Em agosto de 2015, por exemplo, ele começaria o mês com um espetáculo em Manaus, no dia 1º. No dia seguinte, deveria cruzar metade do território brasileiro, do Amazonas ao Rio de Janeiro, para se apresentar em Itaguaí. Depois de outros dois shows no estado, na capital e em Petrópolis, seguiria para Guarapuava, Paraná, no dia 12, e nos dois dias seguintes já cantaria em Ouro Fino e em Juiz de Fora, Minas Gerais. Do Sudeste, seu roteiro o levaria no dia 15 ao centro-oeste, em Rondonópolis, Mato Grosso, e no dia 20 retornaria ao estado de São Paulo, para um show em São Bernardo do Campo. A 60ª Festa do Peão de Barretos, a maior do gênero, ocuparia sua agenda em 21 de agosto e, no dia seguinte, faria outra longa viagem, até Palmas, no Tocantins, seguindo no dia 25 para sua cidade natal, Campo Grande. O mês seria encerrado com apresentações em Araguari, Minas Gerais, dia 27; Brasília, dia 28; e Contagem, Minas Gerais, no dia 30.

Ou seja, quinze shows em trinta dias, um a cada dois dias, em nove estados brasileiros. Há muitos anos Luan e sua equipe desistiram de tentar calcular o número de quilômetros percorridos em um mês ou no ano. Considere-se ainda que é comum o preenchimento de datas vagas na agenda, às vezes na véspera ou poucos dias antes, o que torna o roteiro ainda mais desgastante.

Cada apresentação requer uma complicada operação logística. Progressivamente, Luan foi incorporando um número cada vez maior de tecnologia em seus cenários. Obcecado em recursos de palco, está sempre atento às novidades que surgem no exterior. A produção tem que dar conta de tudo, sem espaço para amadorismo ou improvisações. Se os ingressos foram vendidos, o público estará lá e não adianta dizer que a estrada ou a rua estava congestionada ou que o avião atrasou. Também não dá para alegar cansaço, sono ou doença. Se o show foi contratado, Luan terá de estar presente na hora, com sua banda completa e a estrutura de palco, tudo funcionando perfeitamente. Evidentemente, há a compensação financeira, mas sobra pouco tempo para questões pessoais, para a chamada "vida normal", quase inexistente para um artista no auge do sucesso. E esse auge, para Luan, segue sem interrupções desde 2009, o ano dos trezentos shows.

Amarildo diz que, diferentemente do que parecia, o dinheiro não estava sobrando no início de 2010, apesar do número exagerado de shows nos meses anteriores. Ele lembra que a fase ainda era de investimento e que a gravação do CD e do DVD, ao vivo, em Campo Grande, custou muito caro. A prefeitura de Campo Grande contribuiu com R$ 100 mil, pois a apresentação era parte das comemorações do aniversário da cidade, que completava 110 anos, mas ainda faltaram R$ 300 mil para completar o custo da gravação. Foi feito um empréstimo, que demoraram quase um ano para pagar, até porque a Som Livre não entrou com nada, pois o contrato só foi assinado depois da gravação.

Em pouco tempo, no entanto, o saldo financeiro melhorou consideravelmente. Em abril de 2010, Amarildo finalmente decidiu sair do Banco Itaú para se dedicar exclusivamente ao filho, pondo fim a uma carreira que durou 26 anos, com um único empregador. Ele era gerente-geral de uma agência importante em Campo Grande, onde trabalhara mais da metade de sua vida, e não foi uma decisão fácil. A ruptura tornou-se ainda mais desagradável pela falta de acordo com o banco, que não concordou nem em liberar o fundo de garantia por tempo de serviço.

No início da carreira de Luan, Amarildo sempre o acompanhou nas apresentações. Porém, com a intensificação do ritmo de viagens em 2009, isso já não seria possível. O pai e a mãe acompanhavam à distância as andanças do filho, preocupados com o que poderia acontecer com um jovem de 18 anos em um ambiente de certa forma impiedoso, com bastidores nem sempre éticos. Amarildo controlava a parte financeira, recebia todas as contas, a receita e as despesas, mas a família e os amigos cobravam dele um envolvimento maior. Ele diz que, quando Luan começou a cantar, ninguém pensava em ganhar dinheiro. Mas o empreendimento se tornou grande demais, quase incontrolável, e Amarildo achou que de fato era hora de ficar mais perto do filho, cedendo também à insistência de Anderson Ricardo, que o queria a seu lado para dividir as responsabilidades. Amarildo poderia, por exemplo, cuidar da venda de direitos de imagem e licenciamento e planejar os investimentos de Luan, e foi o que fez. A saída do banco e a quebra da longa rotina, afinal, foram bem menos traumáticas do que ele havia imaginado. A vida ficou melhor, mais satisfatória e gratificante. De repente, Luan tornou-se empregador do pai, que fixou para si mesmo um salário três vezes maior do que a remuneração paga pelo banco. Por sugestão de Luan, Amarildo também passou a ganhar metade da parte de Luan em licenciamento e royalties de uso de sua imagem.

18. Nasce a LS Music

Chegou então a hora de mudar os rumos da carreira de Luan, e o passo inicial seria deixar o acanhado apartamento alugado onde ele morava com Marizete e Bruna, no edifício Costa Esmeralda, rua Ernâni Lacerda de Athayde, 188, Gleba Palhano, um bairro de classe média de Londrina. O primeiro grande investimento foi a compra de uma bela e ensolarada casa no Royal Park, para onde também se mudou o poodle micro toy Puff, de Bruna, xodó de Luan. No fundo da casa, ficava a piscina na qual o cantor às vezes se jogava ao voltar de um de seus shows, para relaxar. Em torno de ruas arborizadas, havia campos de futebol, quadras de esportes e lagos onde era possível pescar. Luan podia até andar a pé e de bicicleta pelo condomínio, em relativa paz, sem ser muito incomodado. Ocasionalmente um grupo de fãs montava guarda na porta do condomínio, à espera do ídolo, que, no entanto, ficava cada vez mais longe de casa, dormindo mais em hotéis do que em sua própria cama, passando mais tempo em aviões, vans e ônibus do que em sua sala de estar. Quem escolheu a casa foi Amarildo, e Luan só a conheceu depois que o negócio estava fechado.

Luan também se presenteou com outro mimo, um conversível importado Volkswagen Eos, de cor preta, seu primeiro carro. Em 2001, era o único luxo na casa, cuja garagem abrigava também o Honda Civic de Marizete e a caminhonete Mitsubishi de Amarildo. Para Luan, foi difícil convencer o pai a comprar o carro que escolheu — e o embate dá uma boa medida da maneira como a família tentava se acostumar aos lucros que passaram a chegar em volumes crescentes. Amarildo era totalmente contra. Dizia que não era um bom negócio comprar um carro de R$ 160 mil, de um modelo do qual só existiam três ou quatro unidades no Brasil e que desvalorizaria pelo menos 10% assim que saísse da concessionária. Lembrou que o primeiro carro dele tinha sido um Fusca e aconselhou o filho a comprar um modelo nacional, na faixa de R$ 50 mil a R$ 60 mil. Temia também que a imagem de ostentação pudesse ser explorada pela mídia. Luan não aceitou os argumentos. Queria o carro e, do seu jeito, convenceu o pai.

A decisão de se estabelecer em Londrina ocorreu, inicialmente, por sugestão do sócio Sorocaba, que morava na cidade do norte paranaense, mais próxima das principais metrópoles do sudeste do que Campo Grande. A família Santana também gostou da relativa tranquilidade de Londrina, mas sempre que possível viajava ao Mato Grosso do Sul para rever os parentes e amigos e, se possível, organizar uma pescaria no Pantanal. Uma das aventuras preferidas de Luan era percorrer os 615 quilômetros de Londrina a Campo Grande, pela BR-267, ao volante do seu novo conversível Eos, com o pai do lado, para pegar prática na estrada. No fundo, a família sabia que, no ritmo em que avançava a carreira de Luan, em pouco tempo seria preciso render-se à realidade e morar em uma das capitais do eixo Rio-São Paulo — o que de fato aconteceria em 2014.

Por enquanto, era o momento de aproveitar Londrina, cidade tranquila com nível econômico acima da média brasileira, ruas arborizadas, muitos parques, imensos lagos e táxis baratos. Em 2010, Amarildo e Anderson alugaram todo o primeiro andar do edifício Eurocenter, na esquina da avenida Higienópolis com a rua Cacilda Becker, com terraço no fundo e nas laterais. Era um prédio recém-construído, envidraçado, moderno, bem no espírito de um jovem astro da música. Poucos meses depois, a LS Music, batizada evidentemente com as iniciais de Luan, já empregava 35 funcionários fixos e ainda contava com cinquenta profissionais terceirizados. Ali se concentraram todos os negócios de Luan, o quartel-general do empreendimento que surgiu a partir de sua música.

A etapa seguinte era melhorar as condições das viagens para os shows. Das vans em mau estado alugadas por dia nas primeiras apresentações, Luan evoluiu para o velho ônibus vermelho do sogro de Anderson e, em 2008, alugou finalmente um transporte em bom estado, um belo ônibus preto, adaptado, que, para não perder o costume, ele logo batizou de Negresco. Depois veio o Chokito, mais moderno, com dois andares, cujo apelido surgiu provavelmente por influência do sucesso de "Chocolate". Mas os shows e as viagens começaram a se multiplicar além do razoável. Luan lembra que sentia muito cansaço e perdia muito tempo em aeroportos, sem contar o assédio das fãs: "Por exemplo, eu fazia um show no interior do Rio Grande do Sul e assim que acabava tinha de ir até Porto Alegre, de ônibus, para pegar um avião para outra cidade, às vezes em outro estado, sem dormir, saindo direto do palco. Depois enfrentava as conexões, às vezes esperando quatro horas em um aeroporto, ainda sem dormir. Cara, essa época foi punk demais."

Não demorou até que a mídia repercutisse com insistência uma notícia não totalmente exata: o cantor sertanejo Luan Santana, com apenas 19 anos, havia comprado por R$ 3 milhões um jato executivo Citation II C-550 Cessna, prefixo PT-LNC, capaz de transportar oito pessoas, mais piloto e copiloto, a uma velocidade de 650 quilômetros por hora. Na verdade, o jato — que logo ganhou de Luan o apelido de Bicuço, personagem da série *Harry Potter* — não havia sido comprado, mas alugado de uma empresa de táxi aéreo por tempo integral. Luan tem exclusividade de uso e rapidamente pediu que pintassem seu nome na fuselagem, com o "S" de Santana representado por uma clave de sol estilizada, marca registrada do cantor. Com isso, a vida e o nível de conforto e privacidade melhoraram muito. Os músicos da banda e o pessoal da equipe técnica de apoio continuaram a usar os voos comerciais, que já se tornavam impraticáveis para Luan.

Ele confessa que adora o assédio dos fãs e sempre estimulou a aproximação com eles, mas com o tempo isso se tornou impossível. Da mesma maneira, ficou inviável levar uma vida "de gente normal" e fazer as coisas naturais para a idade dele, como circular no shopping ou ir ao cinema e à lanchonete. Mas Luan não reclama, e o pai sabe muito bem disso. Amarildo diz que o filho se sente, sim, privado de algumas coisas, mas entende e gosta: "Ele sempre foi muito concentrado na música e leva a vida que sonhou desde criança. Quando fomos para Londrina, meu primeiro pedido ao Anderson foi deixar que ele sentisse pelo menos um pouquinho como é a vida de um garoto da idade dele, e para isso foi preciso reduzir o ritmo dos shows. Se ele faz 25 shows por mês, o tempo dele estará sempre ocupado, sem contar que ainda é preciso dar entrevistas, ir a rádios e TVs, fazer sessões de foto e tudo o mais. Então estipulamos que ele faria, no máximo, vinte shows por mês, o que já é muito, mas pelo menos daria a ele um terço dos dias do mês para um pouco de folga."

19. As luanetes

Além das obrigações citadas por Amarildo, Luan ainda tem que arranjar tempo para compor, lapidar e ensaiar suas músicas com a banda, e a profissão acaba ocupando bem mais do que dois terços do mês. A adoração e os mimos das fãs representam o principal combustível para que ele siga em frente e se revigore. Poucos meses depois da abertura da LS Music, boa parte dos escritórios já estava ocupada pela Central de Fãs, cujas paredes viviam repletas de presentes das admiradoras, de todos os tipos, enviados pelo correio ou entregues no palco. Predominavam bichos de pelúcia e cartas, muitas cartas, algumas escritas em folhas de papel pacientemente coladas umas às outras até se transformarem em rolos com cerca de

20 centímetros de diâmetro. Desenroladas, estendem-se por mais de 20 metros. O estoque não para de crescer, porque Luan não deixa que nada seja jogado fora. Há funcionários da LS Music dedicados exclusivamente à Central de Fãs. Entre suas responsabilidades estão, por exemplo, os telefonemas às fãs para avisá-las de que foram sorteadas e terão o direito de entrar no camarim de Luan antes do início do show — o prêmio mais cobiçado por todas. E sempre se repete a cena, no telefonema: primeiro as meninas acham que é trote, que não pode ser verdade; em seguida, quando percebem que é real, elas gritam e choram ao mesmo tempo, tentando se controlar para entender as instruções finais.

Luan tem muitos fãs do sexo masculino, mas as meninas predominam, sem dúvida. Os fã-clubes criados por elas já são parte integrante da carreira do cantor, e brigam por ele com unhas e dentes, valendo-se principalmente das mídias sociais. Houve casos em que um jornal ou uma revista publicou notícias negativas a respeito de Luan e, imediatamente, as fãs reagiram e fizeram pressão. A equipe da Central de Fãs diz que, cada vez mais, elas são participativas, compram produtos licenciados e não permitem que a mídia fale o que quiser do ídolo. Isso explica por que são feitas tantas campanhas e promoções para elas, além das visitas ao camarim. As fãs ganham CDs e DVDs autografados, revistas, bonés, kits de produtos com a grife Luan Santana e até pacotes completos que dão direito a ir a um show, com tudo pago. Luan é participante assíduo das redes sociais e não viaja sem seu laptop. Posta mensagens quase todos os dias e utiliza uma linguagem carinhosa para falar com as fãs, a quem costuma chamar de "meus amores", ou "minhas lindas".

A atenção compensa, e não faltam exemplos. Em 2010, na semana em que foi lançado, o single "Química do amor", que Luan canta com Ivete Sangalo, estava na 74ª posição entre as músicas mais tocadas nas rádios. O primeiro lugar era ocupado por "Adrenalina", dele e de Sorocaba. Luan disse à equipe da Central de Fãs que eles deveriam se concentrar em "Química do amor". Foi então criada uma promoção para os fãs: se, em uma semana, "Química do amor" ficasse entre as dez mais tocadas da lista da Crowley, um ranking de audição nas rádios, seriam sorteadas duas viagens com tudo pago para o show de gravação do segundo DVD. A promoção começou, os fãs foram pedindo a música nas rádios e uma semana depois "Química do amor" estava em sétimo lugar — de 74º para sétimo em uma semana. No YouTube, menos de um mês depois de veiculado, o clipe de "Química do amor" registrou mais de 500 mil visualizações.

Existem hoje mais de 10 mil fã-clubes, muitos deles devidamente registrados pela LS Music, os "oficiais", com nome do presidente e contatos publicados no site oficial de Luan. São de todos os lugares e têm nomes, no mínimo, curiosos. Vão desde os mais previsíveis (Família LS, de São Paulo; Cariocas Santana, de Belford Roxo, Rio de Janeiro; Tropa Santana, de Sorocaba; Força Catarinense, de Governador Celso Ramos; Vips LS, de Cacoal, Roraima; Realiza Luan, de São Luís do Maranhão; Explosão Santana, de Barra do Garças, Mato Grosso; Pulsação LS, de Manaus, entre tantos outros) até os mais criativos e inusitados (LS Queremos Café com Leite, de Aracaju, Sergipe; Barraqueiros do Luan, de São Paulo; Guerrilheiros do Luan, do Rio de Janeiro; Baleias do Luan, de Vitória da Conquista, Bahia; Ninfetes Santana, do Rio de Janeiro; Lindimais, de Belo Horizonte; Panicats do Luan, de Bauru, São Paulo; FC Taradinhas LS, de São José dos Campos, São Paulo; Garotas Não Merecem Chorar, de São Carlos, Santa Catarina; e As Capetinhas do Luan, de Cascavel, Paraná, apenas alguns em uma lista interminável).

A maior parte das fãs tem entre 12 e 17 anos, mas um número considerável de adultos também acompanha a trajetória do cantor. A imagem de bom menino que não bebe, não fuma e não se mete em confusão conquista a família inteira. Quando uma menina é sorteada para ir ao camarim antes de um show, às vezes a família vai também e a mãe acaba se revelando mais fã do que a filha. Há também muitas crianças, que mandam e-mails e vídeos em que cantam as músicas de Luan e dizem que querem ser como ele.

Algumas fãs não veem limites na idolatria, como uma garota que deixou o emprego que tinha e se tornou empregada doméstica na casa da irmã só para acompanhar Luan durante um ano inteiro. Outras meninas já ligaram para o escritório em Londrina para contar que fugiram de casa para assistir a um show de Luan e estavam acampadas na porta do clube ou do ginásio, situação que mobiliza a Central de Fãs, na tentativa de convencê-las a voltar para a família. Dias antes do show de gravação do segundo CD, no Rio de Janeiro, em 11 de dezembro de 2010, já havia fãs na fila, sob o sol, literalmente acampados em frente à HSBC Arena, na Barra da Tijuca. Diego, um rapaz de 20 anos que criou um fã-clube de Luan na Argentina, ficou mais de uma semana na fila e contou que naquele dia havia vendido seu notebook, por R$ 600, para assistir ao show que o cantor faria em Santos, no litoral de São Paulo, logo em seguida. Além da Argentina, Luan já tem fã-clubes na Espanha, em Portugal, na Inglaterra, na Alemanha e em outros países. Para completar o quadro, o pai, a mãe e a irmã de Luan ganharam seus próprios fã-clubes, assim como o empresário, a assessora de imprensa, os funcionários da Central de Fãs e, por incrível que pareça, até o poodle de Bruna, Puff.

A família levava tudo com aparente tranquilidade, cada um tentando assimilar o fato de, repentinamente, também se tornar uma "celebridade". Marizete precisou se acostumar com a presença das fãs, mas reagia como mãe, tipicamente: "É muito engraçado, porque com todo esse negócio de internet eu fiquei conhecida. Os fãs tiram fotos minhas e publicam. E as meninas são uns amores, muito queridinhas comigo. Me tratam muito, muito, muito bem. Ninguém imagina o que eu tenho de 'nora'. Quando eu vou a um show, é sogra daqui, sogra dali. Elas gritam quando me veem. No começo, eu tinha ciúme dele, mas depois elas me conquistaram. Eu vejo o amor que elas sentem por ele, e não tem como resistir, é lindo demais, sabe? Elas choram e se emocionam demais. Já aconteceu de machucarem ele, de escapar do segurança, porque elas agarram ele com muita força. Se deixar, elas machucam mesmo. Elas não pensam que o Luan é um ser humano. Dá a impressão de que elas acham que ele é de outro mundo, de outro planeta. A ânsia de tocar nele é tão grande que elas machucam, não têm controle, choram, tremem. Eu não gosto de ver isso, fico desesperada, não me acostumo. Eu já vi menina desmaiar na minha frente, elas desmaiam mesmo, acho que com queda de pressão, e aí eu fico apavorada. O pior é que não tem como a gente lidar com isso, porque foge do controle. Elas não vão se contentar em tirar uma foto, sempre querem mais", assusta-se Marizete. Mas ela também lembra a época em que tinha a idade das fãs de Luan e gostava dos Menudos, sem nem sequer sonhar em chegar perto de um deles. Mesmo assim, colecionava figurinha da boy band e fantasiava, como as fãs do Luan fantasiam hoje. "Eu também achava que um dia ainda iria conhecer o Robby, que era lindo demais. Por isso entendo essas meninas. E as cartinhas que elas mandam para ele? Meu Deus do céu!"

20. Popularidade em alta

Na esteira do crescimento da base de fãs e com o sucesso de hits como "Meteoro", também o assédio da mídia cresceu geometricamente. Em 2010, aos 19 anos, Luan passou a ser cada vez mais requisitado por emissoras de TV, jornais, rádios e revistas. Todos queriam entrevistá-lo, fazer promoções com ele, fotografá-lo, saber detalhes de sua vida, desvendar sua intimidade. Era "a novidade", o cantor com ar de bom garoto, novinho, carismático, autêntica new face, acompanhado por uma legião de fãs, que cantava sozinho em um universo de duplas — uma receita pouco usual de sucesso.

É possível afirmar que raramente, no Brasil, um artista alcançou tanta fama e exposição em tão pouco tempo. E a assessoria de imprensa da LS Music nunca havia trabalhado tanto, soterrada pela avalanche de pedidos de entrevistas e fotos. Luan estava em todo lugar, principalmente nas redes sociais e nas mídias que começavam a surgir, sempre com bons resultados, como atestam os mais de 90 mil downloads de *full tracks* registrados em 2010 pela operadora Vivo de quatro de suas músicas ("Meteoro", "Adrenalina", "Pra você lembrar" e "Você não sabe o que é amor"). *Full tracks* são músicas completas baixadas pelos clientes dessas empresas, e das vinte músicas mais vendidas na época, a R$ 4,30 cada uma, quatro eram de Luan.

Na TV, Luan esteve presente em praticamente todos os programas de entrevistas e de variedades existentes em 2010. No *Altas Horas,* de Serginho Groisman, na Globo, ele permaneceu 29 minutos no ar em 11 de setembro; no programa *Eliana,* do SBT, foram 53 minutos em 21 de fevereiro e 44 minutos em 20 de junho; no *Caldeirão do Huck,* da Globo, 10 minutos no dia 1º de maio; no *Domingo Legal,* do SBT, 19 minutos em 7 de março, mais 25 minutos no dia 13 de junho; no *Record News,* 9 minutos em 5 de abril. Hebe Camargo conversou com Luan durante 11 minutos em seu programa, enquanto Fausto Silva o manteve no ar durante 29 minutos, em 7 de fevereiro, e por 16 minutos, em 28 de março. No programa de Raul Gil, Luan permaneceu no palco por 35 minutos, em 27 de fevereiro. No *Jornal da Record,* Luan foi destaque em uma série dedicada à música sertaneja e somou cinco participações, em um total de 24 minutos no ar. Ele esteve também nos noticiários do canal Globonews, em duas edições do *SPTV,* no *Casseta & Planeta,* no *Jornal Hoje* e em muitos programas jornalísticos, sempre qualificado como "fenômeno sertanejo" e "ídolo teen", que despertava atenção por arrastar multidões a seus shows pelo Brasil inteiro. Tudo isso apenas em 2010. Luan, simplesmente, aumentava o ibope dos programas.

Ele gostou bastante de duas das reportagens que estrelou no *Fantástico*, da Globo. A primeira, em 18 de abril, durou 6 minutos e 12 segundos e abriu com um vídeo caseiro de Luan aos 3 anos, aquele em que tentava tocar seu velho Tonante e reclamava: "O violão tá pesado, tá pesado." O repórter o apresentou como "a maior revelação da música sertaneja" e disse que "aonde ele vai, uma multidão alucinada vai atrás". Lembrou que nos catorze dias anteriores sua turnê havia passado por treze cidades de cinco estados. Entrevistou fãs, mostrou seu encontro com elas e, em um shopping no interior de São Paulo, um passeio de Luan registrado pelas câmeras de TV provocou um tumulto incontrolável. O *Fantástico* o acompanhou por várias cidades, terminando em Corumbá, Mato Grosso do Sul, de onde Luan levou a repórter a uma pescaria no Pantanal. O segundo programa, que foi ao ar por 5 minutos e 42 segundos, em 12 de dezembro de 2011, começou com o *making of* da gravação do segundo CD, no Rio de Janeiro. Mostrou os ensaios, os efeitos especiais e entrevistou Ivete Sangalo e Zezé di Camargo & Luciano. Dos estúdios da Globo, Luan falou ao vivo com repórteres em três capitais brasileiras, onde cada um deles selecionou uma garota, convidada a ir ao Rio assistir ao show.

Ainda na Globo, em janeiro de 2010, Luan participou de cinco capítulos do seriado *Malhação*, em que interpretou a si mesmo, experiência que seria repetida em 2011, quando atuou durante alguns dias na novela *Morde & assopra*. Só ao *Domingão do Faustão* Luan compareceu cinco vezes em 2010. Em junho, em uma produção caprichada, a edição brasileira da revista norte-americana *Billboard* pôs Luan na capa, com a manchete "O teen mais amado do Brasil", e publicou uma extensa reportagem de doze páginas em que o chamou de "príncipe do sertanejo". Luan também figurou no ranking Social 50 da *Billboard* entre os artistas mais populares na internet em todo o mundo, à frente de cantores e grupos como 50 Cent, Coldplay e Britney Spears. Em janeiro de 2011, foi a vez da revista *Piauí* dedicar uma reportagem de cinco páginas a "Luan Santana, superstar".

Os prêmios também se multiplicavam. Em março de 2010, em votação popular, ganhou o troféu Revelação do *Domingão do Faustão*. Um ano depois, em março de 2011, venceu nas categorias Cantor e Música, com "Meteoro". Em 2010, ganhou também o Prêmio Multishow de Música Brasileira, como Revelação Musical; o Nick como Cantor do Ano e Música do Ano; e o Prêmio Música Digital, nas categorias Música do Ano e Música Mais Vendida, além de ter sido indicado ao Grammy Latino. No ano em que tudo deu certo, Luan ainda ganhou dois discos de platina pela vendagem de 400 mil cópias do CD e do DVD gravados em Campo Grande, no Parque da Prosa. Foi homenageado na Festa do Peão de Boiadeiro de Barretos, com a qual ele tanto sonhou, pouco tempo antes, e em cuja arena achou que nunca seria convidado para cantar. Luan foi o primeiro Embaixador da Festa, título criado especialmente para ele. Na noite da festa, 28 de agosto, aquela em que todas as estradas pararam, com filas de carros que se estendiam por 12 quilômetros, a multidão quebrou o alambrado e invadiu a área do rodeio, sendo preciso chamar a cavalaria da Polícia Militar para conter o tumulto.

Nas entrevistas, em geral com as mesmas perguntas, Luan repetia: "Procuro não pensar muito no sucesso e na fama e tento viver como eu sou, um cara do Mato Grosso do Sul que gosta de levar uma vida simples." Dizia que adorava o assédio das fãs, pois isso significava que muita gente admirava o trabalho dele. "Hoje eu não sinto falta de levar uma vida diferente, pois estou fazendo o que gosto e o que sempre quis fazer. Pode ser que no futuro eu sinta falta disso, mas hoje não. Estou solteiro sim, porque a correria de shows é tão grande que não dá tempo para pensar seriamente nisso. E também acho que nenhuma menina aguentaria esse meu ritmo de vida", e assim por diante, entrevista a entrevista.

Sua assessora de imprensa na época era Dagmar Alba, que acompanhou de perto essa rápida ascensão, desde o final de 2009. No início, o trabalho dela era ligar para as revistas, jornais, rádios e TVs para "sugerir" entrevistas com Luan. Rapidamente, o jogo se inverteu. Dagmar foi obrigada a filtrar os pedidos da mídia, e logo se espantava com o balanço da equipe que monitora o que é divulgado: em 2010 e 2011, Luan apareceu, em média, em 150 matérias por dia, um total quase inacreditável, e isso sem contar as publicações replicadas regionalmente.

Como o excesso pode ser prejudicial, já havia em 2010 a preocupação de evitar o desgaste da imagem de Luan com exposição além do razoável. Sem contar que, inevitavelmente, o que a mídia publicava nem sempre era positivo. E não se trata de críticas à voz, às músicas ou ao desempenho do artista, mas de mentiras e calúnias, principalmente nas redes sociais. Luan, a família e as pessoas mais próximas tiveram de aprender que no meio musical não existe almoço de graça, que a fama tem seu preço e era preciso relevar, pois seria impossível brigar com todos os jornalistas que publicam uma informação inverídica. Mas Luan se magoava e sentia o golpe, embora procurasse não demonstrar. Marizete, com empatia de mãe, odiava o que chamava de "fofocas da mídia". Reconhecia que, junto com o sucesso, sempre vem um lado negativo: "Sei como é, mas dói muito em mim. Sempre falo que o Luan precisa filtrar as notícias e se concentrar nas coisas boas, mas ele não consegue e se magoa. Não é porque sou mãe, mas acho que ele não merece ser alvo de pessoas com más intenções, porque ele não ofende ninguém, tem bom coração." O pai, Amarildo, dá um exemplo do que causa indignação quase diária na família: "Publicações até importantes escrevem, de forma totalmente irresponsável, que Luan ganha R$ 3 milhões, R$ 5 milhões, R$ 10 milhões por mês, que ele comprou uma mansão de R$ 10 milhões, que é dono de um jato e mais um monte de coisas. Algum idiota soma o cachê imaginário de um show, multiplica pelo número de shows feitos em um mês e diz que aquilo é o lucro do Luan. Mas o cara não tem a menor ideia da realidade. Para começar, Luan é sócio de uma empresa, que tem custos altíssimos de produção, 35 empregados fixos, mais cinquenta indiretos, paga aluguel de sede, manutenção, um monte de coisas, sem falar que existem outros sócios. Um show como o dele custa muito caro e envolve uma logística complexa e uma equipe de no mínimo sessenta pessoas, entre músicos, produtores, segurança, transporte, hospedagem, alimentação, apoio, compromissos legais, impostos e uma série de detalhes que não acabam mais. Mas é muito fácil falar que o Luan ganha tanto e que ele ficou milionário. A pessoa fala o que quer porque pensa que não haverá consequência. Mas que dói, dói", dizia Amarildo no início de 2011.

21. Sequestro

Talvez por causa do exagero da mídia ao superestimar o lucro de Luan, aconteceu um dos raros fatos relacionados a ele que não chegou ao conhecimento do público. E um fato assustador: uma ameaça real de sequestro. Na última semana de julho de 2015, uma busca por Luan Santana no Google dava 37,1 milhões de resultados. Uma busca pelo caso do sequestro, porém, deu zero, o que é inacreditável quando se considera a impossibilidade de que algo fique assim tão oculto quando se trata de uma celebridade. Mas aconteceu, e começou em 28 de abril de 2010, quando Anderson Ricardo fechou um show na cidade de Santa Rosa del Monday, no Paraguai, a cerca de 50 quilômetros da divisa com o Brasil, perto de Foz do Iguaçu, uma região onde viviam muitos brasileiros e que registrava altos índices de criminalidade. O contrato foi feito com um empresário brasileiro que iria promover uma feira no Paraguai.

Duas semanas antes do dia da apresentação, Anderson recebeu uma ligação do contratante dizendo que fazia parte de uma quadrilha e que essa quadrilha havia decidido sequestrar Luan. Mas afirmou que gostava dele, a filha dele gostava e não queria participar do sequestro, por isso decidira avisar o que iria acontecer, para evitar um problema sério. Anderson foi então atrás do empresário, que negou tudo, dizendo que era só boato, espalhado por algumas pessoas de lá que eram contra a feira que estava promovendo, só para atrapalhar. Mas o clima pesou, segundo Anderson.

A questão é que a pessoa que denunciou o suposto sequestro tinha informações detalhadas da agenda de Luan e de toda a programação do show em Santa Rosa del Monday. Por MSN, o aplicativo de mensagens na época, o sequestrador arrependido conversou por muito tempo com o pessoal do escritório em Londrina, tudo devidamente registrado, e a Polícia Federal entrou em cena. Um delegado de São Paulo, do departamento antissequestro, fez contato com a LS Music e informou que havia recebido uma informação de um bandido paraguaio dizendo que havia mesmo o plano de sequestrar Luan no dia do show. Por precaução, a apresentação foi cancelada. Os contratantes ainda entraram com processo, mas os representantes de Luan fizeram um acordo com eles, pagaram a multa rescisória e ficou por isso mesmo. A própria polícia recomendou que Luan não fosse ao Paraguai, e a informação não vazou para a imprensa.

No fim, sobrou um período de muito sofrimento para as pessoas da família e da equipe.

Esse foi um dos raros casos de cancelamento de show de Luan. Houve outro em Bela Vista, justamente a cidade da primeira apresentação profissional, em 2007, mas por absoluta falta de estrutura e segurança para receber o número de pessoas que haviam comprado ingresso. Um terceiro cancelamento ocorreu em Araranguá, Santa Catarina, em 13 de fevereiro de 2010, quando Luan, com um problema gastrointestinal, acabou sendo internado em um hospital. No Festival de Verão de Salvador, no início de 2011, Luan teve uma queda de pressão e foi obrigado a interromper o show na metade. Gripe, mal-estar, indisposição e dores no corpo, problemas comuns a qualquer pessoa, nunca provocaram um cancelamento de show.

O excesso de shows e de viagens, no entanto, era estressante demais, e a família tentava aproveitar os raros momentos em que se reuniam, sem compromissos profissionais de Luan. O sonho dele, em 2010, era ir a Orlando, na Flórida, para visitar o parque temático de Harry Potter, uma de suas paixões na época. Mas para isso ele precisava de um visto de entrada nos Estados Unidos, que não conseguiu porque não houve jeito de conciliar sua agenda com a necessidade de comparecimento a um consulado norte-americano — sem falar dos cuidados especiais que seriam indispensáveis para que não causasse tumulto na fila.

De fato, Luan viajou pela primeira vez para fora do Brasil apenas em 2011, quando foi com a família para um resort em Punta Cana, na costa leste da República Dominicana, no Caribe, por uma semana, quando enfim pôde relaxar, longe do assédio de fãs e *paparazzi*. Mesmo por pouco tempo, qualquer pausa é aproveitada ao máximo, e isso geralmente acontece na baixa temporada. No meio sertanejo, os meses de janeiro, fevereiro e março são a "baixa temporada", quando se reduz o número de shows. A "altíssima temporada" começa depois do carnaval e se estende até setembro, em sete meses de atividade contínua, até que se inicia a "média temporada", de outubro a dezembro. A agenda de shows é fechada com o máximo possível de antecedência, a fim de que haja tempo hábil para a divulgação, mas nem sempre isso é possível. A rotina de um músico de sucesso é uma sucessão de hotéis, vans, ônibus, aviões, camarins e palcos. Literalmente, eles vivem na estrada, mais do que em casa com a família, e qualquer pausa é mais do que bem-vinda.

22. A banda e seu dialeto

Em 2011, o ritmo era intenso, mas no geral tudo parecia estar bem equilibrado. A família Santana se adaptava à confortável casa em Londrina, a melhor em que já viveram. Havia um jato executivo e sua tripulação disponíveis 24 horas por dia, o saldo no banco e os investimentos cresciam, a sociedade na LS Music parecia estável, os CDs e DVDs vendiam bem, assim como os shows, e Luan se tornava cada vez mais popular no país inteiro. Logo ele romperia a fronteira pela primeira vez, para se apresentar no Brazilian Day em Nova York, sua primeira performance no exterior. E, pessoalmente, havia algo também muito especial: sua banda. Os músicos que o acompanhavam eram aqueles que ele conhecera na boate Acústico, ali mesmo em Londrina, em

2008, e tomara da dupla Rodrigo & Rogério. Fernando Baron, que se tornou seu produtor musical, mais Marreta na bateria, Paulinho no baixo, Juliano no violão e Peixe nos teclados. No ritmo em que estavam, de pelo menos vinte shows por mês, a boa convivência é essencial. O cantor e os músicos passavam muito tempo juntos, mesmo que houvesse a desigualdade de Luan ter seu jato exclusivo e os músicos viajarem em voos comerciais. Esse detalhe era compensado pela remuneração dos músicos, que ganhavam por show realizado, sendo o total, no fim do mês, maior do que tudo o que eles já haviam recebido até então. O que importava é que, a cada música nova, Luan e eles ensaiavam à exaustão, discutiam, buscavam as melhores soluções e no fim se entendiam. Eram parceiros de estrada, com uma cumplicidade sólida, forjada nos benefícios e nas dificuldades, coisa que só quem é do ramo sabe. É no palco que a mágica acontece, mas a estrada é o ponto de união.

Uma vez um repórter perguntou a Luan como e quando ele ensaiava com seus músicos. Luan respondeu: "Nos shows e na estrada. É assim que ensaiamos." E é assim mesmo que acontece, a não ser quando há uma nova música a ser incorporada ao repertório e é preciso definir o arranjo para cada instrumento e para o vocal de apoio. A banda de Luan era muito afinada em 2011, em todos os sentidos. Já havia passado por poucas e boas, tocado para todos os tipos de público em todo lugar, às vezes pagando para se apresentar. Estavam juntos havia três anos, sem substituições, o que não é comum. E se tornaram amigos, criaram uma boa química, apurada na estrada.

O baterista Marreta foi batizado como Valdemir José dos Santos, e os outros se chamam Juliano de Oliveira Ferro,

Paulinho Pinto e Paulo Henrique, o Peixe. Na época, Luan contratou as *backing vocals* Daiane Nazzi (a loura) e Marla Teixeira (a morena). A eles juntava-se o técnico de som André Luiz da Rosa, compondo a equipe de oito pessoas diretamente responsável pelo desempenho no palco. Todos adoravam a vida na estrada e não pensavam em reduzir o ritmo dos shows. Marreta, nascido em Colorado, Paraná, em 1980 — o único na banda que adotava um visual sertanejo, com botas e chapéu de cowboy —, lembrou que o recorde até então havia sido de 27 shows em um mês, em 27 cidades diferentes: "É uma vida louca, uma pauleira o tempo todo, e no princípio a gente chegou a se assustar com isso. Mas essa é a nossa vida. Tem hora em que eu paro e penso: o que é que estou fazendo aqui, na estrada e em hotéis, um dia em cada cidade, sempre longe da minha filha? Mas ao mesmo tempo eu vejo que estou trabalhando para o futuro dela e é disso que gosto. Enquanto estivermos fazendo tanto show assim, tudo está bom para nós." De fato, na época os integrantes da banda de Luan já tinham atingido o topo dos cachês pagos a músicos que acompanhavam os sertanejos.

Além da boa compensação financeira, os músicos da banda de Luan se encantavam com o sucesso, com a convivência diária com o universo das celebridades e, acima de tudo, com a possibilidade de tocar para públicos cada vez maiores. Além disso, havia o reconhecimento. Todos tinham fã-clubes pessoais e perfis nas redes sociais. As fãs sabiam detalhes da vida dos músicos, quem era solteiro ou casado, quem tinha filho, que Juliano é velho amigo de Luan e estava com ele desde os tempos de Campo Grande, assim como o técnico de som André.

Juliano nasceu em Campo Grande em 1981 e fazia parte de uma banda da cidade quando foi procurado por Luan e convidado a tocar com ele. Foi o único dos músicos da banda original de 2008 que aceitou a proposta de ir para Londrina. "Quando ele me convidou, eu não o conhecia pessoalmente, mas acompanhava o trabalho dele. Fui lá, dei uma canja e acertamos na hora. Achei diferente, porque quando se fala em sertanejo logo se imagina uma dupla. E era um cantor solo, novinho, um artista que foge do que estamos acostumados a encontrar. Vi logo que tinha algo ali que podia dar certo e apostei no projeto. Eu já tinha certa experiência na noite, tocando havia nove anos com dupla, artista solo, banda, tudo o que aparecia. Aí, com o Luan, começamos a fazer aqueles showzinhos regionais, que, mesmo em cidades pequenas, sempre estavam lotados, com o público eufórico. Tinha um brilho naquele menino, alguma coisa diferente. Percebi de cara que ele era cheio de talento, afinado, desinibido no palco e que se comunicava bem com o público. Pensei: o cara é um artista completo e acho que vai rolar, vai dar certo. E foi o que aconteceu", lembra Juliano. No Mato Grosso do Sul, no início da carreira na banda de Luan, Juliano ganhava R$ 150 por show, depois R$ 170. Em 2011, esses valores já tinham ficado muito para trás.

Em geral, a não ser quando a distância a ser percorrida é muito grande e se torna necessário tomar um voo comercial, os músicos e os técnicos viajam em dois ônibus, acompanhados de duas carretas que transportam toneladas de equipamentos de som e de palco. A rotina é acordar no hotel depois da hora do encerramento do café da manhã, porque sempre vão dormir bem tarde, preparar-se para o show do dia, fazer uma rápida passagem de som, subir ao palco e tocar e, na maioria das vezes, logo em seguida entrar no ônibus para a viagem até outra cidade. Nesse ritmo, diferentemente do que acontecia no início, eles nem ao menos sabiam qual banda abriria cada show de Luan.

Nos lugares onde há condições razoáveis de acústica, a impressão de quem está na plateia é de que todo aquele volume de som não poderia ser produzido por apenas cinco músicos. Isso sem falar que Juliano e Fernando Baron tocavam violões acústicos, e não guitarras elétricas. O som potente era resultado da qualidade dos músicos da banda, dos instrumentos e do equipamento de som, os melhores possíveis na época. Fernando, que em 2011 era o diretor musical da banda, lembra que tudo era diferente quando conheceu Luan na boate de Londrina, que já não existe. Tudo, menos a energia que eles sentiram naquele garoto, algo diferente que aflorou na hora, a movimentação, a interação com os músicos. Eles dizem que, assim que terminou o show, Luan disse a eles: "Então, quem quiser vem comigo. Quem não quiser já fala, sem problema." Todos concordaram na hora, sem hesitação, impressionados com a atitude e o carisma do rapaz naquele palquinho.

Também chamaram a atenção de Fernando o amadurecimento e a firmeza de Luan na hora de definir os arranjos. Ele lembra que, quando mostra uma composição nova, parece que o cantor já sabe o que cada instrumento deve fazer. O parceiro e sócio Sorocaba concorda e acrescenta: "Luan evoluiu muito rapidamente na composição, e dá para ver isso a cada álbum que grava. Ele está compondo cada vez melhor. Nós fazemos música juntos, já temos várias parcerias, das quais a primeira foi 'Adrenalina'. Eu tenho minhas particularidades, não estou acostumado a compor em parceria, tenho meu jeito de fazer música, mas 'Adrenalina' saiu de um jeito incrível. Já compus com outras pessoas, mas poucas, então o Luan é um dos raros parceiros que tenho, e ele é um grande compositor." Sorocaba vai mais longe: "Além disso, ele tem um ótimo gosto musical, porque é muito astuto para escutar uma música e saber se ela vai ser sucesso. É engraçado, porque venho pensando nisso ultimamente. Mesmo algumas músicas que ele queria gravar e não gravou, porque não conseguiu liberação, acabaram estourando. Ele sempre teve uma intuição muito boa para repertório."

Além de estar sempre de olho nas novidades na área de cenários e recursos de palco, Luan sempre deu importância também à parte técnica. No início da carreira, as primeiras mesas de som eram alugadas nas cidades onde se realizavam os shows. A primeira mesa que ele comprou foi uma LS9 digital de 32 canais. Em 2010, já tinha uma PM5000 de 56 canais, top de linha, compacta e sofisticada, comandada pelo amigo André Luiz da Rosa, remanescente do grupo inicial de Campo Grande, além de Juliano. Segundo André, Luan tem mania de perfeição. Preocupa-se o tempo todo com a qualidade do som e quer que o público inteiro ouça bem o que canta, mesmo nos lugares que oferecem condições sonoras insatisfatórias.

Foi assim, evoluindo passo a passo, que se consolidaram os laços entre a banda e Luan. Os músicos são um pouco mais velhos, mas o clima que predomina é ditado pelo líder, o cantor, por isso sempre há muita brincadeira, a começar pelo linguajar. Entre eles, todos são "bois". É assim que se tratam na linguagem peculiar que criaram, quase um dialeto, uma forma de se comunicar que só eles entendem. Um fala com o outro: "Então, boi, diz aí." E o outro responde: "Pois é, boi, é tal e tal." Todos são bois, e os outros são os outros. O dialeto ganhou um nome, taurismo, e nenhum deles sabe ao certo onde tudo começou. Um diz que foi no Rio Grande do Sul, outro diz que não, e explica a origem de maneira diferente, enquanto todos se divertem com a incompreensão de alguém de fora quando falam das "endes", as meninas, tema recorrente quando estão reunidos. E que ninguém tente entender. Endes, diapá, king, lovito, funiá: são palavras do dialeto taurino, exclusivo deles. E é melhor não traduzir, segundo Bruna, a irmã de Luan, que é da turma e não perde nada, mantendo uma relação de parceria com o irmão, totalmente irreverente. Ela conta que ele lhe pôs um apelido "muito feio", e por isso ela passou a chamá-lo pelo masculino desse apelido. Algumas fãs descobriram e chegaram a criar um fã-clube com o nome.

O melhor, de fato, é não traduzir o taurismo, para que Luan, os músicos e o resto da equipe possam continuar dizendo, tranquilamente, frases como "Periga funiá, o lovito tá na cara, tá meio king, mas a endes tá cheirosa diapá". Quem está de fora não entra mesmo, de jeito algum.

23. Nos bastidores

A verdadeira liga entre Luan, seus músicos e o pessoal de apoio se consolida na estrada, e o resultado é o que aparece durante os shows. É no palco que se comprova se o grupo está bem ou não, se suporta a expectativa, a tensão e a pressão que fazem parte de uma apresentação ao vivo, que não dá espaço para erros ou indecisões. Um show costuma durar em torno de uma hora e meia, mas para os artistas tudo, do começo ao fim, se estende por mais de quatro horas. E o ritmo é alucinante. Um bom exemplo foi uma apresentação feita em Apucarana, Paraná, uma das mais tranquilas em termos logísticos, já que na época Luan morava em Londrina, distante apenas 40 quilômetros, o que evitou viagem de avião e outras dificuldades.

Por volta das 18h, uma van branca estaciona em frente à casa de Luan, em um sábado de verão. Luan acabara de desembarcar de seu jatinho, vindo de São Paulo, onde passara algumas horas em um estúdio em Alphaville para mais uma sessão de ajustes técnicos no novo álbum. Entra em casa fazendo festa e distribuindo beijos para a mãe, o pai, a irmã e a prima que estava de visita, com o marido. Brinca com o poodle Puff, conversa um pouco com todo mundo e sobe ao seu quarto, no segundo andar. Lá pelas 20h, desce de banho tomado, vestindo camiseta, jeans e tênis, como sempre mexendo nas pontas do cabelo, e embarca na van para uma viagem de cerca de uma hora até um clube de campo em Apucarana, o local do show. Os vidros laterais da van são cobertos por uma película escura, mas as fãs, com a espécie de radar que parecem ter, descobrem, a mais de 200 metros de distância do clube, que Luan está dentro do veículo. E surgem os primeiros sinais da histeria que, a partir dali, cresceria minuto a minuto.

Até então, tudo relativamente tranquilo. São 21h40 quando a van transpõe os portões dos fundos do clube, cercada de seguranças, entre os quais Wellington Santoro, que Luan chama de Well, e Francisco Waldeires Paulo da Silva, o Chicão. Os dois faziam parte da equipe permanente de Luan, e Chicão sempre acompanhava o cantor, aonde quer que ele fosse. Os seguranças conversam rapidamente, para avaliar o ambiente. Os portões são fechados assim que a van estaciona ao lado do carro de Marizete, mãe de Luan, no qual também vieram o pai, Amarildo, a irmã, Bruna, e a prima, Glória. Por ali também está o empresário Anderson Ricardo. Todos parecem calmos, mais do que habituados àquele tipo de ambiente, e circulam pelos dois camarins improvisados para o show. Um é exclusivo de Luan, o outro abriga os músicos e alguns técnicos. Ambos têm mesas com frutas, salgadinhos, sanduíches, torradeira, água, sucos e refrigerantes. Nada de bebida alcoólica, nem mesmo uma lata de cerveja. Os camarins são do mesmo tamanho, sendo o de Luan mais caprichado, mais iluminado, com sofás, tapetes e cortinas com o logotipo criado para ele, com o "S" de Santana no formato de uma clave de sol invertida. A cor vermelha predomina.

Luan anda de um lado para o outro, aparentemente tranquilo, mas quem o conhece diz que o ritmo dele muda nessa hora, no início da inevitável tensão que precede um show. Fica mais atento, mais ligado, um pouco mais inquieto — parece não haver como se acostumar a isso.

Passa das 22h quando ele se isola por alguns instantes no camarim, acompanhado apenas de Roberval Lelis Ferreira, então seu secretário pessoal, que se juntou à trupe em 2008, como *roadie*, ajudando a montar os instrumentos no palco. Com o passar do tempo, Luan precisava de alguém ao lado dele nas viagens, para cuidar da bagagem, de sua alimentação e de suas roupas. Rober, como é chamado pela turma, acabou assumindo o papel de assessor pessoal e se tornou uma das pessoas mais próximas de Luan, companheiro de todas as horas.

Do outro lado dos camarins, cresce em intensidade o barulho do público, conduzido pela voz do locutor que, nos intervalos das músicas da banda que abre o show, tenta aumentar o suspense, avisando a cada minuto que se aproxima a hora esperada por todos. É provável que nesse momento Luan se lembre rapidamente do tempo, não muito distante, em que era ele quem abria os shows de duplas de sucesso, e eram esses artistas que aquele público queria ver. Enquanto isso, ele está em seu camarim conversando com Roberval e beliscando um pouquinho de cada coisa, uma fruta, um salgado, um pedaço de queijo.

Veste praticamente a mesma roupa com a qual subirá ao palco. Essa é a regra: já sai de casa ou do hotel com as peças básicas. Na hora do show, basta trocar a camiseta, vestir por cima uma camisa xadrez desabotoada e pronto. No meio da apresentação, faz uma ou duas trocas de roupa, compradas por uma *personal stylist*, já que, para Luan, é impossível olhar vitrines em corredores de shoppings.

Agora, ele aguarda os rituais que invariavelmente antecedem os shows, a começar pelas entrevistas para jornais e rádios da cidade. Em seguida, inicia o compromisso mais demorado e mais curioso: o encontro com grupos de fãs no camarim. Os fãs são orientados a ficar apenas por alguns segundos, tempo suficiente para cumprimentar Luan e serem fotografados ao lado dele. Só Roberval tira fotos, nada de selfies. Para quem as assiste pela primeira vez, são cenas surpreendentes, demonstrações explícitas de idolatria e do indecifrável relacionamento entre admirador e ídolo.

Luan recebe a todos do mesmo jeito, com cumprimentos e abraços, sem se alterar nem demonstrar impaciência. Está mais do que habituado. Quando Roberval se atrapalha com a câmera fotográfica de uma fã, ele mesmo a pega e mostra como o assessor deve fazer. Quando recebe uma família e o pai se afasta na hora da foto, pede que ele se aproxime para que apareça no registro. Do lado dos fãs há todos os tipos de reação, desde a garota que se mantém discreta, sem se exaltar, apenas sorrindo e conversando normalmente, até aquelas que choram de verdade, lágrimas rolando, fazem juras de amor e se descontrolam. Querem estender ao máximo o contato com Luan, e nessa hora até os assessores ganham abraços. Dessas mais apaixonadas, algumas saem tão eufóricas que esquecem a bolsa ou outra coisa no camarim e, já acostumado, Roberval sai rapidamente para devolver. Os rapazes são discretos, estendem a mão, conversam um pouco. Um deles entrega uma carta ao cantor. E engana-se quem imagina que apenas adolescentes se esforçam para ter acesso ao camarim. Boa parte das pessoas é adulta, às vezes famílias, com o pai incluído. A maioria traz presentes, e aos poucos o sofá vai ficando cheio: bichos de pelúcia, boné e camiseta do Corinthians, um travesseiro, fotos, muitas cartas e declarações de amor — "Loved you", dizia uma. A ideia básica é receber, em cada show, dez fãs selecionados pela Central, por meio de promoções pela internet, mais dez escolhidos pelo contratante e cinco convidados pelas rádios. Mas nunca funciona assim. Em geral, em cada show, mais de sessenta pessoas visitam Luan no camarim. Os assessores até tentam reduzir esse número e apressar os fãs, mas é impossível.

Já são quase 23h quando os últimos fãs se despedem. No camarim ao lado, bem mais animado e descontraído, os músicos e as *backing vocals* se preparam para subir ao palco. Para Luan, é o momento de ficar alguns minutos isolado, tendo ao lado apenas o fiel secretário Roberval Lelis. A porta do camarim dele se fecha. A relação entre os dois é descontraída, quase de moleques, e Roberval vê nas brincadeiras uma maneira de Luan se descontrair antes de subir ao palco: "Sou responsável por vários detalhes. No hotel, escolho com ele o look que ele vai usar no show, passo a roupa, cuido de suas coisas pessoais. Antes do show, onde ele estiver eu estou junto, mas não tomo liberdade, porque sou funcionário. Eu o acordo na hora combinada, já com a comida pronta, sempre coisas simples, uma salada, arroz, feijão e bife. Agora ele está curtindo muito comer frango com quiabo, um prato mineiro que não é fácil de achar. E anda gostando bastante de pequi, que a mãe prepara em casa, fazendo uma pasta que ele mistura com quase tudo." "Você já comeu pequi? Eu adoro. É bom demais, mas não é todo mundo que gosta. Também adoro pescar e comer o peixe que eu pesco", diz Luan. Mas, segundo Roberval, Luan come o que tem na hora, sem frescura: "Odeia carne moída, mas é só, mais nada. Quanto à roupa, gosta de um visual descontraído, sem essa coisa de cor preferida. Usa muito camisas xadrez, e a gente compõe uma superposição com uma camiseta. Ele coloca uma roupa e fala 'essa eu curti', ou fala 'não gostei', e nesse caso eu sugiro outra, até que ele decida."

Uma das funções do assessor é antecipar os desejos de Luan: "Já sei quando ele quer uma coisa e quando não quer. Quando não está gostando, ele só olha para mim e já sei o que quer dizer pelo olhar dele." Como os demais integrantes da equipe, Roberval só tem elogios para Luan. Mas é impossível que exista alguém que, o tempo todo, seja sempre simpático e bem-humorado. "Sim, parece impossível. É raro, mas às vezes acontece de ele sair do sério, principalmente por causa de algum problema técnico no palco. Ele não chega a ficar bravo, mas fica irritado, logo chama o produtor, quer saber o que está acontecendo e cobra uma solução rápida. Isso acontece porque ele é muito exigente e perfeccionista com os detalhes do show. Para mostrar o trabalho dele do jeito que ele acha que tem de ser, é preciso ter uma estrutura afinada e uma equipe unida", acrescenta o secretário.

No camarim finalmente fechado, só na companhia de Roberval, Luan faz exercícios de voz, veste a roupa com a qual se apresentará e tenta relaxar e entrar no espírito do show. O público já está impaciente, principalmente as meninas que se espremem na área mais próxima do palco. O local da apresentação é uma extensa área aberta, por onde se espalham cerca de 10 mil pessoas. Por sorte, não há ameaça de chuva, uma preocupação recorrente durante os shows ao ar livre. O palco é enorme e dotado de equipamentos que influem diretamente no sucesso dos shows de Luan, que não economiza na hora de investir em efeitos especiais, painéis de LEDs, muitas luzes coloridas e sistemas de som de boa qualidade. O parceiro Sorocaba já havia destacado esse aspecto, lembrando que, assim como ele próprio, Luan sabe que o espetáculo deve ser o mais grandioso possível: "Ele aprendeu que o artista deve reinvestir na carreira o que ganha, principalmente na produção dos shows. E descobriu muito depressa a valorizar o show bom, o espetáculo bem produzido, o entretenimento, os efeitos, o palco que encanta o público."

De fato, quando Luan entra em cena e os jogos de luz são acionados, percebe-se que todos os elementos citados por Sorocaba estão mesmo presentes: um imenso painel de LEDs no fundo do palco, canhões de fumaça e luzes, muitas cores. O efeito impressiona, causa o impacto desejado e contagia o público. De camisa xadrez em tons de vermelho sobre uma camiseta branca, ele canta a primeira música e faz a costumeira saudação "ao povo de Apucarana". Nos intervalos entre as músicas, sempre conversa com o público e faz algum comentário. Fala de gêneros regionais que incorporou às músicas de seu repertório, como o chamamé, originário da Argentina e popular no Mato

Grosso do Sul. Antes de cantar "Meteoro", por exemplo, lembra que foi a composição que o lançou nacionalmente e que nunca deixará de cantar. Enquanto isso, a assessora de imprensa Dagmar Alba circula entre o público para escolher a "garota chocolate", que terá o privilégio de subir ao palco durante a apresentação da música "Chocolate". Segundo Dagmar, sempre é escolhida uma moça "um pouquinho mais velha", já que não ficaria bem a imagem de uma menina muito nova recebendo de Luan um chocolate na boca, dançando abraçadinha com ele. Objetos como bonés, flores e bichos de pelúcia são atirados ao palco. Luan pega cada um deles, segura por um instante e deixa de lado. Põe um dos bonés na cabeça, depois o passa ao violonista Juliano. No meio do show, pega um violão e toca um pouco, fazendo uma linha ao lado dos dois violonistas e do baixista da banda, bem no estilo rock'n'roll.

Os "camarotes VIP" do clube de campo não são mais do que áreas separadas em uma arquibancada lateral coberta, com mesas e cadeiras de metal nas quais ninguém senta. É ali, à esquerda do palco, que ficam os familiares e amigos de Luan. O pai, Amarildo, como sempre, exibe um visual parecido com o do filho, jeans, camiseta e tênis, e não sai do lado da mulher, Marizete. Ambos são bem jovens — Marizete tinha apenas 19 anos quando Luan nasceu — e tão animados quanto os fãs do filho. Dançam sem parar, cantam todas as músicas, jogam os braços para o alto, aplaudem e vibram o tempo todo. Bruna, a irmã caçula de Luan, é mais tranquila e discreta.

Mais ou menos à 1h da madrugada o show se encerra, sem incidentes, e todos os que estão no camarote se dirigem rapidamente à área dos camarins, onde Luan chega sorridente, ensopado de suor. Cumprimentos rápidos e logo começam os preparativos para a retirada, sempre a hora mais complicada, pois do outro lado do portão já se ouvem os gritos das fãs, que, não se sabe como, conhecem perfeitamente a logística da operação e as áreas que permitem o acesso mais próximo ao ídolo. A van e os carros da família e dos convidados já estão em posição de saída, e nesse momento o comando passa a ser de Wellington e Chicão, os seguranças da equipe fixa de Luan, ambos de terno preto e gravata. Os seguranças do clube usam roupas que os deixam parecidos com policiais de uma tropa de choque, provavelmente para impor autoridade.

Profissionais experientes, com muitos shows na bagagem, Wellington e Chicão utilizam walkie-talkies, fones de ouvido e microfones de lapela para se comunicar entre si e com os demais seguranças contratados pelos promotores do show. Wellington tem 1 metro e 90 de altura, físico de atleta bem preparado e está com Luan desde março de 2010, "fazendo a frente", ou seja, acompanhando o cantor em todos os shows. Com dez anos de experiência na área musical e um currículo que inclui serviços prestados a artistas como o grupo Rouge e Jeito Moleque e as duplas Gian & Giovanni e Sandy & Junior, Wellington sabe bem como enfrentar o descontrole de algumas fãs: "Se deixar, elas machucam, rasgam a roupa, agarram mesmo. Estou acostumado com assédio, mas o tipo de fã do Luan é mais complicado, porque tem muitas adolescentes, que exigem cuidado especial na maneira de abordar para que não se machuquem. Não podemos esbarrar na menina, agarrar ou puxar, então acabamos fazendo a segurança delas também, e isso sem falar que sempre tem uma mãe ou um pai do lado, de olho. É preciso ter muita manha. Eu consigo chegar ao lugar do show e já saber se vou ter trabalho ou não pelo tipo de fã que está presente", conta. A ordem é não tocar nas meninas, a não ser quando não há outro jeito. Para isso, a técnica usada pelos seguranças é ficar de frente para Luan, com os braços bem abertos, de costas para as fãs, sempre olhando para trás. Dessa maneira eles conseguem fazer um círculo em volta do cantor, sem ser preciso empurrar ou segurar as meninas.

Em algumas cidades, o problema se concentra na porta do hotel, geralmente ocupada por centenas de fãs que dificultam muito a chegada e a saída do ídolo. "Às vezes encontramos mães levando crianças de 3 ou 4 anos, sem pensar que pode acontecer um tumulto", diz Wellington. Também é comum a ocorrência de fãs que se hospedam no mesmo hotel de Luan e ficam no corredor a noite toda, batem na porta e ligam para o quarto dele. "A gente não dorme quando isso acontece. Algumas ficam bravas de verdade com a gente, xingam, batem, arranham, mas sempre dá pra levar na esportiva, até porque esse amor que elas têm por ele é muito bonito", diz Wellington, que se declara admirador do cantor: "Ele me trata com humildade, é na dele, na boa, brincalhão e ajuda bastante o nosso trabalho, diferentemente de outros artistas. Se dissermos que é preciso apressar, fazer isso ou aquilo, ele colabora sem reclamar. Não tem nada de estrela, é gente boa demais."

Durante o show, Wellington fica escondido em um canto do palco, com outro segurança do lado oposto e mais um na escada, além da equipe local. No palco, só fica o pessoal da equipe de Luan, para evitar surpresas: "Às vezes o segurança local conhece as pessoas e deixa que elas subam ao palco, o que não podemos permitir de jeito nenhum, pois isso representa um risco para o Luan. Em um show na Paraíba, havia uma pessoa no palco que queríamos tirar, mas o segurança local disse que ele estava trabalhando. Então, no meio da apresentação, deu a louca no cara, ele correu, agarrou o Luan e criou problema." Da parte dos rapazes, são comuns as manifestações de agressividade, que Wellington atribui, basicamente, ao ciúme das meninas que admiram Luan. "O cara se sente incomodado e começa a falar besteira, mas a gente faz de conta que não ouve. Se alguém atira alguma coisa, identificamos a pessoa e deixamos que a segurança local resolva", conta Wellington, revelando que, por causa do rigor com que afasta as fãs, algumas delas o apelidaram de Carrapato.

Esse apelido cairia melhor ainda em Chicão, cearense de Quixeramobim que, no segundo semestre de 2010, assumiu o papel de segurança pessoal de Luan. O toque do celular dele era um trecho de "Química do amor", música que Luan canta com Ivete Sangalo, mas Chicão garante que não foi para agradar o chefe. "É que a gente veste a camisa mesmo. Eu já era fã dele desde 2008, e aqui meu nome é Chicão Santana", brinca o segurança, também alto e forte, quando necessário com cara de poucos amigos, e que acompanha Luan aonde quer que ele vá. "Ele não pode andar sozinho de jeito nenhum. O carro dele é conversível, mas a gente sempre sai de capota abaixada e põe nele um boné e óculos escuros, para ter um pouco de sossego, mas mesmo assim as pessoas o reconhecem. Qualquer coisa que ele queira fazer, como ir ao cinema ou a um restaurante, exige uma logística, uma preparação cuidadosa", diz Chicão. "Às vezes rola uma tensão, mas nosso papel é prevenir, e não combater. Quem combate é a polícia."

No show em Apucarana, contudo, segundo Wellington e Chicão, tudo indica que a situação está sob controle. Na saída, a atenção deles se concentra no trecho de rua sem pavimentação entre o clube e uma avenida asfaltada, o ponto mais crítico, quando as fãs estarão ao lado da van que vai transportar Luan. Passa de 1h30 da manhã quando o portão é aberto e a van tenta sair rapidamente. Wellington e os seguranças vão a pé, correndo ao lado da van, e Chicão está no interior do veículo, agachado ao lado de Luan, espremido entre os músicos e os acompanhantes. Contando com o motorista, dezesseis pessoas estão dentro da van, acomodadas precariamente ao lado dos instrumentos que os músicos não admitem que sejam levados pelas carretas que transportam os equipamentos.

Do lado de fora, as fãs não param de gritar. Batem nas laterais da van e tentam enxergar alguma coisa pelas frestas das cortinas e dos vidros escuros. Se fizessem isso sem sair do lugar, não haveria problema. Mas continuam acompanhando a van, correndo e tentando se desvencilhar dos seguranças, e assim engrossam o cordão de meninas que querem, pelo menos, ter uma visão rápida de Luan, formando uma multidão descontrolada, com certo risco de acidentes. Em alguns instantes, parece que as fãs terão êxito e conseguirão mesmo parar a van e puxar Luan para fora. O motorista tenta acelerar, mas o tráfego intenso dos carros que estão deixando o clube não permite, apesar dos esforços dos seguranças. Chicão percebe que as coisas estão se complicando e, com a van em movimento, abre a porta e desce para reforçar a segurança, até que, cerca de um quilômetro depois do clube, o número de fãs diminui a ponto de permitir que ele embarque de novo.

São cerca de 20 minutos de apreensão, pelo menos para quem não está habituado a esse tipo de situação. É perturbador perceber que, se não houvesse um esquema muito eficiente de segurança, poderia ter acontecido algum problema sério, de verdade — e tudo isso por idolatria a um artista, por admiração. O mais curioso é que, durante todo esse tempo, Luan e os músicos parecem não perceber o que acontece ao lado. Para eles, é apenas rotina, algo que acontece quase todos os dias, vinte vezes por mês, mais de duzentas vezes naquele ano. E, conscientemente ou não, criam defesas, porque é impossível mergulhar de cabeça nesse clima tão intensamente emocional criado pelas fãs a cada vez que um show acontece. Melhor deixar quieto, como eles dizem.

Outra surpresa é o fato de ninguém do grupo comentar, naquele momento, o show que haviam acabado de apresentar para cerca de 10 mil pessoas — como se fosse algo rotineiro atrair 10 mil pessoas até um distante clube de campo em uma cidade do interior do Paraná. Nenhum dos músicos nem Luan falam o que seria de esperar, como, por exemplo, um detalhe de uma música, a reação dos fãs, uma das escorregadelas que sempre ocorrem em um espetáculo de quase duas horas, ou, ao contrário, um momento especialmente brilhante, se o som estava bom ou não. Enfim, o show terminou no palco e terminou mesmo — é hora de pensar no próximo, amanhã, ou melhor, hoje, porque já passa da meia-noite.

A maneira que Luan e os músicos encontram para descarregar a adrenalina que inevitavelmente se concentra em um show como esse, no contato com milhares de pessoas em alta intensidade de emoção, é brincar. Brincar, simplesmente, como se nada estivesse acontecendo de diferente. E eles brincam o tempo todo, riem à custa dos outros, como qualquer grupo de jovens. Enquanto um canta versos de uma música que fala que "não vai não", porque a mulher dele "não deixa não", outro lembra a besteira que o parceiro disse naquele dia. No momento mais tenso, quando as fãs batem com força na van e gritam sem parar, Luan e alguns dos músicos abrem um pouquinho a cortina da van e avaliam as meninas que correm ao lado, alucinadas. Tudo, evidentemente, em taurismo, o dialeto que eles criaram e só eles entendem. E sobram "endes", "lovito", "diapá", entre risadas dos "bois".

Quando a van finalmente se livra da confusão e pega a estrada que liga Apucarana a Londrina, Luan assume a direção do espetáculo, ou seja, da conversa, sem perceber, como ele admitiu depois, surpreso. Mas é ele quem comanda as brincadeiras, sem dúvida. Mesmo no meio daqueles músicos com muita bagagem na noite e muita estrada, mesmo sendo o mais novo de todos, ele se mantém no centro das atenções. Naquela madrugada, a brincadeira que ele inventou era simples: no celular, Luan selecionava fotos dos músicos e de gente próxima, dava um zoom em algum detalhe do rosto ou do corpo e mostrava para todos, para ver quem conseguia identificar a pessoa. Isso distraiu todo mundo até a primeira parada da trupe, na casa de Luan. A ida até o hotel dos músicos foi mais silenciosa, já que nessa altura o cansaço parecia enfim chegar, sem contar que no dia seguinte tudo recomeçaria, e de novo, e de novo.

Desde que a van estacionou no clube de campo em Apucarana, cerca de 21h40, até a saída, pouco depois de 1h30, passaram-se apenas quatro horas. Mas foram quatro horas sem pausa, em alta intensidade e em ritmo alucinante. Para Luan e sua equipe, nada mais do que uma noite de rotina, como tantas outras.

24. Rede de proteção

Na noite do show em Apucarana, o plano inicial da produção estava estabelecido: Luan seguiria diretamente para o aeroporto de Londrina e embarcaria no jatinho para o Rio de Janeiro, dormiria em um hotel no próprio aeroporto do Galeão e pela manhã seria levado de helicóptero para a Ilha de Caras, onde faria uma apresentação curta e seria fotografado, partindo de lá no mesmo dia para um show em Franca, no interior de São Paulo, e, no dia seguinte, para outro em São Carlos, no mesmo estado. Os músicos iriam bem cedo de Londrina para o Rio, em um voo comercial com passagens pagas pela revista *Caras*, seguiriam de ônibus para Angra dos Reis e de barco para a ilha, sem poder aproveitar aquele pedaço paradisíaco do litoral fluminense. Luan voltaria de helicóptero para o Rio logo depois da apresentação na ilha e voaria no jato executivo diretamente para o interior paulista — roteiro que, da madrugada de domingo até terça-feira, somaria no mínimo 4 mil quilômetros. Mas esse era apenas o plano inicial.

A visita à Ilha de Caras e os shows programados foram devidamente cumpridos, mas não do jeito que se esperava. No sábado, dia da apresentação em Apucarana, um pequeno avião caiu perto do aeroporto de Londrina e, no acidente, três pessoas morreram. Uma delas era um rapaz de 18 anos que trabalhava na empresa de táxi aéreo que aluga o avião a Luan. Na sexta-feira, quando Luan partiu para São Paulo, alguns familiares que foram levá-lo ao aeroporto haviam se encontrado com esse rapaz, que chegou a ajudar a levar a bagagem do cantor até o avião. Luan sempre o via e sentiu muito a tragédia. O piloto do jatinho alugado por Luan era próximo do rapaz, ficou bastante abalado e não se achava em condições de voar logo em seguida. Então, no meio do show em Apucarana, enquanto Luan ainda cantava no palco, a família e a equipe já haviam decidido que em vez de viajar na madrugada, logo depois do espetáculo, melhor seria adiar para a manhã seguinte. Os assessores, naquele momento, já estavam nos celulares tentando acertar os detalhes, do cancelamento do hotel no aeroporto do Rio de Janeiro até os arranjos necessários com a equipe de apoio da *Caras*. Discretamente, tudo foi feito sem que mal se percebesse a mudança de plano.

No sábado à tarde, assim que soube do acidente, o pai de Luan manifestou sua preocupação com a esposa, Marizete, comentando com um amigo: "Não tem jeito, vamos ter de contar para ela, porque daqui a pouco ela vai ficar sabendo pela TV ou pelo rádio e será pior." Além do pesar pela morte de três pessoas relativamente próximas, Amarildo revelava, com sua apreensão, um aspecto da personalidade de Marizete que ele nunca conseguiu mudar: apesar da incessante sequência de shows nos últimos anos, ela continua sofrendo com as viagens do filho e suas ausências. Se ele está fora, ela só se tranquiliza quando se falam por telefone, o que acontece diariamente. "Lizete é mesmo superprotetora, até porque, durante quase um ano, ela o acompanhou até mais do que eu, no período em que ficou com ele em Londrina e eu estava com a Bruna em Campo Grande", diz Amarildo. "A gente sempre achou que a família, o ombro, o conselho fazem a diferença. Se você abandona um filho, vem tudo de ruim, droga, bebida, todos os problemas. Por isso ela sempre procurou estar próxima dele. Ela é mãezona, sabe? Aquela mãezona que se preocupa se ele está dormindo e comendo direito, se está bem de saúde, se está alegre ou triste. Sem falar que é a fã número um dele."

Marizete não discorda do marido: "Eu sou um pouco protetora sim, e muito coruja. Mas tudo isso porque ele é um menino querido demais, muito apegado à família, muito companheiro e carinhoso, até hoje. Com o pai até que isso não aparece tanto, porque o Amarildo é mais na dele. Apesar de ser apaixonado pelo filho, não é muito de demonstrar, dá uma de durão. O Luan é muito de me abraçar, de lembrar das coisas de que eu gosto. Gosto muito de cheirinho de casa, essas coisas cheirosinhas, e quando ele vê alguma em algum lugar já compra e trás para mim. Ele faz muita falta, porque dá a impressão de que preenche a casa", desabafa Marizete, sem conseguir conter o choro. "Ele é muito querido, sabe? Quando está em casa, assim que acorda já ocupa todo o espaço", afirma a mãe, para tentar explicar por que fica tão angustiada quando o filho está em viagem, voando no jatinho, o que acontece quase o tempo todo. Pode parecer exagero, principalmente quando se avalia o orgulho que ela sente com o sucesso do filho e todos os benefícios que dele decorreram, mas é coisa de mãe, e isso ninguém muda. Segundo Marizete, sem Luan a casa fica vazia e quieta demais.

A irmã, Bruna, não se ressente de toda essa atenção a Luan. Ela se declara fã incondicional do irmão e mantém com ele uma relação de cumplicidade. Diz que não ficam muito tempo juntos porque ele não para em casa, mas quando tiram uns dias de férias eles se divertem muito, conversam demais. "Acho que ele sabe tudo da minha vida, porque eu conto mesmo, e ele me conta as coisas dele", diz ela, que é chamada de Bubu por Luan.

É nesse ambiente familiar com raízes sólidas que Luan se sente verdadeiramente à vontade. O pequeno núcleo de quatro pessoas é o seu mundo real, o lugar onde relaxa e se sente abrigado, sem nenhuma necessidade de se proteger de nada. É em família que o ídolo volta a ser garoto. O objetivo da família é fazer com que ele consiga ter uma vida normal, "comum", a mais parecida possível com a de um jovem que está realizando seu sonho, mas carrega, inevitavelmente, a imensa responsabilidade que vem junto com a fama, o sucesso e o dinheiro. Amarildo diz que, em casa, Luan é um rapaz comum: "Ele diz que não se acha bonito, mas é vaidoso, quer se vestir bem para os shows, para as apresentações na TV e as fotos. Mas em casa ele fica o tempo todo de chinelo, bermuda e camiseta."

Em relação a dinheiro, Luan é totalmente desligado, segundo Amarildo: "Pergunta para ele o quanto ele ganha. Ele não tem a menor ideia. Ele simplesmente não sabe o quanto ganha nem está preocupado com isso. Eu é quem insisto em mostrar as contas, e ele nunca se deslumbra. Às vezes ele fala 'Pô, bicho, tô ganhando bem, hein?', brincando. Tenho uma planilha em que lanço as datas, os valores e em que ele gastou o dinheiro dele, mas sei que é só para mim, porque ele não liga mesmo."

A partir desses detalhes triviais do dia a dia, todos tentam se acostumar à nova realidade de viver com um artista de fama nacional, a começar por Marizete, que, ainda jovem, pouco mais de 40 anos, é obrigada a assumir o papel de mãe de um ídolo: "Para mim ele continua sendo o meu Luanzinho, que não mudou nada. Tento não ficar muito encucada com isso, sabe? Tento não pensar demais no assédio das fãs, na fama, nas viagens, em tudo o que está acontecendo com ele, senão nem durmo à noite. Entrego nas mãos de Deus e faço o que posso, estou sempre do lado; se precisar de mim, estou ali. Se ficar ligada demais, eu piro."

Segundo a família, Luan gosta mais de ler do que de ver TV, por isso sempre dão livros de presente para ele. Também tem paixão por pescaria. "Acho que ele me puxou", diz Amarildo, lembrando que, em uma das raras folgas do filho eles passaram sete dias no coração do Pantanal, partindo de Corumbá. "Entramos uns 200 quilômetros pelo rio Paraguai e fomos até a divisa com Mato Grosso. Nossa, é lindo demais, todo mundo deveria conhecer. Fomos num barco. Pegamos peixe demais, uma coisa linda", lembra Amarildo, que tem fotos e vídeos dessa pescaria memorável.

Cada vez mais raras, essas oportunidades de ficar juntos são muito valorizadas pela família, que sabe como é difícil proporcionar um cotidiano que faça Luan manter os pés no chão. A isso Amarildo acrescenta o fato de Luan ser muito exigente consigo próprio: "Eu me sinto até um pouco culpado, porque acho que influí nesse jeito dele. Eu cobrava muito com relação a cumprir horário, ao que ele fala, à postura, ao comportamento. Então, às vezes penso que ele se preocupa muito com o que eu acho, com minha opinião, e fica se cobrando demais." Amarildo lamenta, especialmente, a dificuldade que a fama cria para que se formem relacionamentos sinceros de amizade. Sempre existem os amigos fiéis, mais antigos, mas é difícil identificar quem se aproxima de Luan de modo desinteressado. "Por isso o círculo de amizades verdadeiras acaba ficando meio restrito", diz.

A necessidade de cuidar da imagem pública do ídolo também é uma preocupação na família, embora, nesse aspecto, Luan colabore bastante. Amarildo lembra que o filho não fuma, não usa drogas nem bebe, "a não ser um golinho do meu copo de cerveja, em casa, de vez em quando". Ele conta que, em um festival de música em Caldas Novas, estado de Goiás, uma dupla convidou Luan para ir ao quarto de hotel mostrar umas músicas e, de repente, apareceu um tubo de lança-perfume. "Eles não chegaram nem a oferecer ao Luan, mas depois disso combinamos que ele iria se afastar desses caras. Essas coisas são muito perigosas."

O parceiro e sócio Sorocaba concorda com Amarildo quanto à necessidade de preservar a imagem de Luan, mas acha que, nesse aspecto, não há muito com que se preocupar. "Um lado interessante do Luan é que ele é diferente dos outros artistas que fazem muito sucesso rapidamente. Ele não se deslumbrou com a fama e não mudou sua personalidade. É muito difícil um astro, fenômeno da música, não causar algum transtorno, não ir a uma boate e ficar bêbado, não bater o carro, não entrar numa briga, não revidar uma ofensa. E olha que mexer com essa coisa teen é complicado. Às vezes os caras ficam bravos, xingam e falam besteira, por puro ciúme, dor de cotovelo. E o Luan nunca revidou. Sempre sai com um sorriso, com arte, sai cantando. Ele pode até sentir o golpe, mas não revida, sempre sai bonito das situações. É incrível perceber como ele tem uma imagem bacana, que ele mesmo resguarda. Ele é muito pé no chão e resguarda a imagem dele muito bem com relação a escândalo, a cachaça, a briga. É um exemplo. O Brasil precisava de um fenômeno desse jeito", elogia Sorocaba.

O compositor de "Meteoro" também destaca o que chama de "mensagem" nas músicas de Luan: "Desde o início ficou claro que o repertório dele é voltado para todas as idades. Não existe uma única música que fale de sexo, de baixaria, de bebida, de drogas. É um rapaz que passa um recado bonito. A gente via muitos jovens que faziam música falando de drogas, fazendo apologia, e de repente surge um guri com uma linguagem limpa, bonita, falando de amor de uma forma diferente, com uma expressão e um propósito diferentes. Por isso ele dominou. O Luan é um cara especial e tem uma coisa inata, que é o tino para música boa. Ele sabe o que o povo quer ouvir."

25. Ao vivo no Rio

No segundo semestre de 2010, enquanto corriam de cidade em cidade para cumprir a alucinante agenda de shows, o pensamento de Luan, Amarildo e Anderson se concentrava na gravação do segundo CD ao vivo, que também renderia um DVD. Apesar dos bons resultados conseguidos com o álbum gravado em Campo Grande, em agosto de 2009, o plano era montar uma produção bem mais complexa, com investimento muito mais alto, em um lugar mais adequado do que um palco ao ar livre. Foram, no mínimo, seis meses de planejamento, produção, gravação, pós-produção, finalização e lançamento, entre o final de 2010 e o início de 2011. O custo atingiu R$ 4 milhões, dez vezes o valor investido no primeiro disco ao vivo, e envolveu um trabalho infinitamente mais complicado.

Para surpresa de muita gente, foi decidido que a gravação seria no Rio de Janeiro, uma cidade mais conhecida pelo samba e pelo funk, pouco identificada com a música que classificavam como sertaneja. "Eu e o Anderson sempre quisemos fazer coisas diferentes, acho que foi por isso que escolhemos o Rio, onde ninguém da música sertaneja ainda havia gravado um álbum. Queríamos quebrar um preconceito, um tabu contra a música sertaneja que dizem que o Rio tem. Depois do nosso álbum, outros cantores anunciaram que também iriam gravar lá. Sempre foi assim, sempre puxamos a fila. E acho que é por isso que a gente se destacou mais do que os outros."

O título escolhido era óbvio — *Luan Santana — Ao vivo no Rio*. O lugar escolhido foi a HSBC Arena, na Barra da Tijuca. O show aconteceu em 11 de setembro de 2010, com um público de 15 mil pessoas que esgotaram os ingressos uma semana antes, mas o CD e o DVD só seriam lançados em abril de 2011, com o selo da Som Livre. O CD tinha quatorze músicas; o DVD, vinte, três das quais com participações especiais: Ivete Sangalo ("Química do amor"), Zezé di Camargo & Luciano ("Inquilina de violeiro") e Belinda Peregrin ("Meu menino (minha menina)"), uma cantora nascida na Espanha e naturalizada mexicana. Na capa, vinha a foto de Luan no palco, com o braço direito erguido, punho fechado, vestido com uma camisa xadrez, colete e gravata. No verso do CD e do DVD, um aviso em letras miúdas confirmava que toda a renda obtida com a venda seria revertida para obras sociais. O álbum começava com "Adrenalina", parceria bem-sucedida entre Luan e Sorocaba, e terminava com o carro-chefe "Meteoro".

O show foi uma autêntica superprodução, com recursos que seriam utilizados no último e não concretizado espetáculo de Michael Jackson, como a plataforma que, na abertura, lança Luan ao palco, além de "voos" surpreendentes, com o cantor preso a cabos e dispositivos móveis. A equipe de Luan importou equipamentos de efeitos especiais da Espanha, da Alemanha e dos Estados Unidos. Houve até mesmo a participação de um ilusionista, que criou o truque em que Luan "desaparece" do palco, pulando por uma abertura. No cômputo total, havia cerca de oitocentas pessoas envolvidas na produção, e os equipamentos somaram 900 toneladas. Luan lembra que, instantes antes de começar o show, encontrou uma fã escondida no vão de uma passagem embaixo do palco: "Eu falei: moça, saia daí, pelo amor de Deus, você vai se machucar."

Foi a grande aposta de 2011 e, como sempre, antes do lançamento Luan se mantinha cauteloso com o resultado, ao contrário do empresário Anderson, que previa vendas bem maiores do que as 400 mil unidades do primeiro DVD. "Anderson, mas você acha isso mesmo, do fundo do seu coração?", perguntava Luan, enquanto o empresário confirmava, convicto. A expectativa era enorme, e o lançamento causou impacto, divulgado em todas as mídias possíveis. No dia 3 de abril, uma semana depois de ocupar um espaço considerável no *Domingão do Faustão*, por ter vencido em duas categorias o prêmio Melhores do Ano, Luan voltou ao programa dominical da Rede Globo para lançar o CD e o DVD. Cantou algumas músicas, alegrou-se com depoimentos gravados e contou que a música "Amar não é pecado" estava na trilha sonora da novela *Morde & assopra*, na qual faria uma participação especial. E ficou especialmente feliz com o cantor Lulu Santos, que o comparou a Elvis Presley, lembrando que ambos tiveram origem rural, e disse que "o meteoro pode se transformar em cometa", de vida longa e estável.

Os primeiros resultados deram força à previsão de Lulu Santos. Até junho de 2011, em apenas dois meses, de acordo com dados da Associação Brasileira de Produtores de Discos, já haviam sido vendidas 322,7 mil cópias do CD e do DVD de Luan, que ficara em segundo lugar no ranking geral, depois de Paula Fernandes, a novidade da época na música sertaneja. Em junho, Luan estava em sexto lugar entre os mais vendidos no Brasil, contando artistas do mundo inteiro, como Lady Gaga, Adele e Britney Spears. *Luan Santana — Ao vivo no Rio* chegou ao fim de 2011 como o quarto álbum mais vendido no ano no Brasil, computando-se tanto artistas nacionais como estrangeiros, em todos os estilos.

Ainda em 2011, o show de gravação do álbum foi eleito o melhor do ano no Prêmio Multishow de Música. O *Dicionário Cravo Albin da Música Popular Brasileira* registra ainda que, antes do lançamento de *Luan Santana — Ao vivo no Rio,* o cantor já havia sido classificado pela *Billboard* norte-americana como o 26º artista mais popular do mundo, ganhando de nomes como Britney Spears, Coldplay e 50 Cent. Lembra ainda que, no fim de 2011, em um levantamento feito pela revista *Época,* Luan foi apontado como um dos 100 brasileiros mais influentes e que naquele ano havia atraído mais de 10 milhões de espectadores a seus shows. Também em 2011, tornou-se o primeiro artista da história a ficar ao mesmo tempo em primeiro e segundo lugar em número de execuções de músicas, segundo dados da Crowley Brasil. Na mesma época, de acordo com o *Dicionário*

Cravo Albin, registrou a marca de 10 mil fã-clubes oficiais, espalhados por todos os estados brasileiros.

Segundo Luan, ele estava mais preparado para gravar o segundo álbum ao vivo, mais maduro do que na época do primeiro, em Campo Grande: "Entre um e outro, foram um ano e quatro meses. O primeiro era uma tentativa de ver se daria certo. No *Ao vivo no Rio*, todos estávamos mais focados, mais experientes, e sabíamos o que fazer. Também tivemos mais tempo para planejar e escolher o repertório. E meu desempenho foi melhor. Em música, quanto mais você vive com ela, mais ganha experiência e aprende, e o resultado fica melhor. No primeiro DVD, nós nem ensaiamos direito antes de gravar." No Rio, lembra Luan, eles vinham ensaiando havia muito tempo, "na estrada", e o repertório foi definido com bastante antecedência.

Das vinte canções gravadas ao vivo no Rio de Janeiro, além da parceria com Sorocaba em "Adrenalina" e da regravação de "Chocolate", três eram da nova safra de composições próprias de Luan: "As lembranças vão na mala", "A bússola" e "Sinais". Ele estava levando a sério o trabalho como compositor. O ritual de composição quase não muda, segundo Luan. A inspiração costuma vir depois que ele chega do aeroporto de um show em algum lugar do país e se joga de roupa e tudo na piscina, para relaxar. Quando vai para a cama, pensando em dormir, surge a ideia de uma música. Ele pega o violão, liga o celular no modo de gravação e começa a criar letra e melodia ao mesmo tempo. Muitas vezes dá em nada, mas quando dá certo tudo acontece muito depressa. "Parece que a música já estava pronta na minha cabeça", diz Luan. Ele calcula que já tenha composto mais de cem músicas. "Acho pouco, não acho muito. Tem muitas que eu escrevo e largo no meio. Mas gosto de compor, bem mais do que antes. No começo, eu não gostava de nada do que fazia. Eu nem terminava as músicas e falava que um dia ainda iria aprender a compor. Mas acho que, com o amadurecimento, as músicas vão saindo com mais naturalidade, e aí pode ficar melhor", diz.

Em relação às músicas compostas por ele e gravadas no CD e no DVD, Luan gosta especialmente de "As lembranças vão na mala". Quem compara a letra dessa canção com a de "Chocolate", por exemplo, percebe a rápida evolução do compositor. Em "As lembranças vão na mala", Luan revela uma visão mais madura da vida, ao relatar o sofrimento pela perda da mulher amada. Em vez da alegria juvenil de "Chocolate", a letra é um pouco melancólica, porque mostra a certeza prévia da rejeição, antes da conversa com a menina, e o desejo inútil de que ela se arrependa de não querer mais ficar com ele — tema de dor de cotovelo recorrente em blues, samba-canção e bolero.

Neste depoimento, Luan revela como foi o processo de composição de "As lembranças vão na mala":

> Ela tem uma pegada legal, porque todo mundo já se deu mal alguma vez na vida. Eu estava em casa, peguei o violão e o celular para gravar, como sempre faço. Isso foi uma semana antes da gravação do DVD no Rio, em novembro ou dezembro de 2010. Foi a última música a entrar no DVD. Eu não estava triste, não estava acontecendo aquela situação comigo, entende? Eu incorporo a pessoa que está passando por aquilo e tento ver o que sentiria no lugar dela. Eu não preciso estar triste, eu só me coloco no lugar da pessoa. Eram umas 3 ou 4 horas da madrugada, não era

dia de show e eu estava no meu quarto em Londrina. Na verdade, a música vem sempre de madrugada pra mim. Dá um estalo e eu pego o violão. É difícil explicar como é que acontece. Vai saindo. Quando tenho uma dúvida de qual palavra pode rimar com outra, busco no Google. Por exemplo, "recomeçar", aí aparece lá "andar", "pensar". E eu vou indo. Mas tem de ter uma ideia básica.

Minhas músicas falam do cotidiano das pessoas da minha idade, de jovens, de amores passageiros. Nessa, eu queria falar de um amor que realmente fosse mais forte, que não fosse essa coisa de "peguei você e larguei". Uma coisa mais forte mesmo, mais séria, mais adulta. Estava faltando uma música assim. Aí eu imaginei a moça chegando pra mim e dizendo que ia terminar comigo. O que eu sentiria se isso acontecesse? Aí começo: "Independentemente do que você me disser agora, eu queria deixar claro algumas coisas pra você, antes de me dispensar." Eu já sabia que ela ia me dispensar. "Independentemente se não deu certo nossa história, não quero que fique comigo por dó de me fazer sofrer." Aí eu imaginei que ela dizia que estava me largando porque eu sempre fui orgulhoso, porque acreditei mais em mim do que nos dois. Aí eu continuo: "Orgulhoso? Eu não. Me ajoelhei pra ter seu coração. Com humildade, me ajoelhei", e tal. Para dizer que não sou orgulhoso, não. "Imperfeito? Sou sim, mas dei o meu melhor até o fim. Qualquer pessoa é imperfeita, ninguém é perfeito, mas fiz o melhor pelos dois até o fim." Aí eu pego e meio que rebato ela: "Sua consciência não vai te deixar dormir, pois ninguém mais

> vai fazer palhaçada pra te ver sorrir." Quer dizer, o cara era perfeito para ela e ela não deu valor, entendeu? É um tema universal, de amor que não dá certo, de dor de cotovelo, de dor da separação. "Ninguém vai te abraçar pra ver o sol se pôr." Ele está recordando os momentos legais que passaram juntos. "Ninguém vai escrever no muro uma história de amor." Quer dizer, uma declaração que ele fez a ela e escreveu no muro, como uma pichação.

E alguma vez Luan já havia escrito uma declaração de amor em um muro de Campo Grande ou Londrina? "Não, não escrevi. Mas já pensei em escrever sim, cara, eu sou meio assim, sou meio bobo, romântico. Mas imaginei que um cara naquela situação escreveria, com certeza. E se mesmo depois disso a moça ainda quiser ir embora, então as lembranças dele vão na mala com ela, para atormentar. Quer dizer, se quiser ir embora pode ir, mas as lembranças vão com você, você não vai me esquecer tão facilmente", ele completa, reconhecendo que a música é um pouco triste.

"Eu nunca tinha feito uma música triste, mas acho que queria isso, sair um pouco do relacionamento adolescente. Acho que tem sim um lado de amadurecimento. E o que me ajudou muito também é o gosto por livro. Tenho lido bastante, e isso ajuda demais, dá mais agilidade ao raciocínio. Antes eu escrevia uma frase e empacava. Agora não, sai bem mais fácil. Eu leio todo dia, viajando no avião, no hotel e em casa, antes de dormir", conta Luan, que na época em que compôs "As lembranças vão na mala" andava gostando bastante das composições de Ana Carolina e, entre os artistas estrangeiros, prestava muita atenção a Taylor Swift, hoje sucesso mundial, mas naquele ano apenas uma norte-americana só um ano mais velha do que ele, ainda quase desconhecida no Brasil, que compõe todas as músicas que grava e lançou o primeiro álbum aos 16 anos. Luan diz que, entre os brasileiros, gosta muito de cantores de gerações anteriores à sua, como Caetano Veloso, Gilberto Gil, Lulu Santos e Tom Jobim.

Revela que não pensa em gravar um álbum só com composições próprias: "Sinto que a parte de composição está mais sólida, mas só vou fazer isso mais à frente, quando sentir que todas as músicas que fiz são boas. Acho que vai demorar um pouco." Ele conta que, quando a música não sai pronta, na hora, tenta desenvolvê-la depois: "Um tempo atrás comecei a compor uma música chamada 'Platônico', que fala de uma menina que está bem longe do alcance do cara, que parece ser de outro mundo. Ele fica tímido, tentando aparecer pra ela de uma forma que não dê na cara. Quer ser notado, mas fazendo coisas pequenas pra ela. No refrão, fala que, mesmo que ela não repare nele, ele vai ser o ar que ela respira, vai estar sempre ali, do lado dela. Ela é gigante, ele é humilde, o chão que ela pisa. Só que não curti o resultado final e ainda quero mexer nela."

Se em "As lembranças vão na mala" Luan assumiu a dor de outro rapaz, ele confessa que, pelo menos uma vez, usou o dom da composição em causa própria, pode-se dizer. Foi na música "Pra sempre com você", que compôs quando tinha 14 anos. Ele conta:

> Foi o seguinte: minha namoradinha gostava de pop rock tipo adolescente, umas letrinhas bobinhas, e eu gostava de sertanejo, cantava na escola, levava o violão e ela ficava em volta. Foi assim que a conheci. Ela era um ano mais nova do que eu. Aí pensei: vou fazer uma música para ela.

Não vou sair do sertanejo, mas com um toque de pop. Eu queria dizer que não acreditava no amor até que a conheci. Depois que ela apareceu eu comecei a acreditar no amor, que o amor existia sim, que não era só coisa de cinema, e que esse amor ia além dessa vida. Achei que ela ia ficar louca, né? Foi minha primeira composição, e até gostei. A letra fala que eu achava que a vida fosse só uma viagem, que o mundo tinha me esquecido. E achava que o amor não existia para todo mundo, era só coisa de cinema, e de repente ela apareceu e tal. Mas pensei: como mostrar pra ela? Daí marcaram um churrasco na casa dela, em que estaria a família inteira. Caramba, eu pensei, como eu vou fazer, vou morrer de vergonha na frente do pai dela. A gente não estava namorando ainda. Mas fui ao churrasco, peguei um violão que tinha na casa dela e falei que tinha feito a música pra ela, no meio de todo mundo. Todo mundo brincou, claro, que bonitinho, e tal, canta aí pra gente ouvir. E eu morrendo de vergonha. Mas fui corajoso. Sentei e toquei. Ela chorou e aí eu aproveitei e pedi pra namorar com ela, e ela aceitou. Funcionou.

26. Estilo e gosto

No ano em que lançou "As lembranças vão na mala", 2011, Luan já não era mesmo o garoto sonhador dos tempos heroicos. Aos 20 anos, transformara-se em um astro, com tudo o que envolve essa condição — perdas de um lado, principalmente no que se refere à liberdade e à privacidade, e ganhos de outro, cada vez maiores. Sua situação profissional e financeira estava consolidada e sua imagem era mais valorizada do que nunca. Na época, o empresário Anderson Ricardo afirmava que o cachê de Luan já era o maior da música sertaneja, superando astros como Chitãozinho & Xororó, por exemplo. "Hoje Luan está entre os cinco maiores cachês do Brasil, em todos os gêneros de música", dizia Anderson. Para cumprir a agenda de mais de duzentos shows no ano e compensar a rotina de dormir muito tarde, Luan começou a se exercitar com um *personal trainer.* "As pessoas acham que o próprio palco é uma academia, porque a gente se movimenta muito, mas não é. Se você não estiver preparado, o show cansa demais. O palco desgasta muito, fisicamente. Depois que comecei a malhar, fui me sentindo melhor, com mais disposição e ânimo."

O ano havia sido o melhor possível, a vida em Londrina seguia estável e havia muitos planos para 2012, a começar pela gravação do seu segundo álbum em estúdio, *Quando chega a noite.* O nome dele não saía dos noticiários. Revistas, sites e blogs não se cansavam de esmiuçar sua vida particular, relacionando supostas namoradas e estimando o montante de sua fortuna. Sem explicar como haviam chegado a esse total, jornais diziam que ele acumulara R$ 300 milhões desde o início da carreira. O pai, Amarildo, afirmava que não era nada disso, sempre lembrando os altos custos de produção de discos e shows, a estrutura necessária para as viagens, o pagamento dos músicos e das demais despesas de administração.

Amarildo também destacava que toda a renda dos CDs e DVDs era doada a entidades como a Associação dos Amigos das Crianças com Câncer de Campo Grande, o Hospital do Câncer de Londrina, a Associação de Assistência à Criança Deficiente de Pernambuco e a Casa dos Artistas do Rio de Janeiro. Em 2010, as doações a essas instituições superaram R$ 1,5 milhão, sem contar outras iniciativas, como os cerca de R$ 400 mil entregues ao Hospital de Câncer de Barretos e, em 2011, as duas carretas com 22 toneladas de alimentos enviados às cidades serranas do Rio de Janeiro devastadas pelas enchentes.

Os méritos da boa ação eram divididos com os sócios da LS Music, o empresário Anderson Ricardo e o cantor Sorocaba, que não hesitaram em concordar com a solicitação de Marizete, mãe de Luan. Ela conta: "No começo da carreira dele, era tudo muito difícil, às vezes os showzinhos nem pagavam a despesa. Mas eu disse a Luan que, no dia em que sobrasse algum dinheiro, depois de pagar todos os meninos da banda e da equipe, ele deveria ajudar quem precisa. Foi um pedido meu mesmo, para ajudar os hospitais de câncer, porque eu sofri muito com essa doença, que vitimou meu pai e minha mãe. Não sou espírita, mas parece que, onde quer que eles estejam, estão felizes. Eles eram apaixonados pelo Luan."

Mesmo indignado com os exageros da imprensa a respeito da fortuna do filho, Amarildo reconhecia que os rendimentos eram bons e aumentavam à medida que Luan tinha a imagem valorizada na publicidade e em licenciamentos. Na época, orientado por Amarildo, Luan investia principalmente em imóveis e já havia adquirido alguns terrenos em Goiânia que talvez se transformassem em um condomínio, além de outros bens em Campo Grande. Para cuidar do patrimônio de Luan, foi criada a empresa Santana Administração de Recursos, com estrutura de holding.

Em relação ao licenciamento, um segmento que movimentou perto de R$ 5 bilhões em 2011, segundo a Associação Brasileira de Licenciamento, todos os negócios passavam pelas mãos de Amarildo, por decisão de Luan. Havia então quinze produtos autorizados a usar a imagem do cantor, entre os quais cadernos, mochilas, goma de mascar, itens de cama, mesa e banho, roupas infantis e bonecos. A principal parceira era a Redibra, especializada em licenciamento, e entre as companhias que utilizavam a imagem de Luan em seus produtos estava a rede de lojas Riachuelo. Como novidade, em um segmento denominado *mobile marketing*, Luan teve sua marca estampada em um celular Sony Ericsson personalizado que vinha com cinco de suas músicas. Na mesma época, os clientes da operadora de celular Vivo começaram a receber uma mensagem em SMS comunicando que, a cada recarga, poderiam fazer download de músicas sertanejas em versão completa, e entre as opções estavam músicas de Luan. O produto de maior sucesso entre os licenciados por Luan, contudo, era um dos mais convencionais: os cadernos espirais repletos de fotos dele, que, em menos de um ano, já haviam sido adquiridos por mais de 1,5 milhão de pessoas.

Só que de nada adianta perguntar a Luan qualquer coisa a respeito do que ele ganha. Ele, simplesmente, não tem ideia. Nem quer ter. Sabe que conquistou o que importa: recebe mais do que gasta, mora em uma ótima casa, tem o carro com o qual sonhou, não sente falta de nada que o dinheiro pode comprar. Não é esbanjador para o padrão dos seus lucros, a não ser quando se trata de instrumentos, equipamentos de palco e efeitos especiais. Quer tudo o que acha que pode melhorar o show, custe o que custar. Mas, pessoalmente, chega a surpreender pela maneira despojada com que trata o dinheiro — sem contar que o pai está sempre do lado, no controle. Na verdade, ele nem anda com dinheiro, até porque não teria onde gastar. Para um especial do *Conexão Repórter* que seria exibido no ano seguinte pelo SBT, Luan disse: "Não tenho ideia de quanto eu tenho no banco. Eu tenho minha chácara, meu carro, minha casa. Está bom, não está?"

Como ocorreu em 2010, com o álbum *Luan Santana — Ao vivo*, em 2012 ele foi indicado ao Grammy Latino, na categoria melhor disco sertanejo, com *Quando chega a noite* — o disco vencedor naquele ano foi *40 anos — sinfônico*, de Chitãozinho & Xororó. Em 2012, sua música "Amar não é pecado" entrou na trilha sonora da novela *Morde & assopra*, da Globo, e em 2012 ele repetiu a dose com "Você de mim não sai", na novela *Avenida Brasil*, da mesma emissora.

O CD de estúdio *Quando chega a noite*, também pela Som Livre, foi lançado em abril de 2012, e pela primeira vez Luan atuou como produtor, ao lado de Fernando Zorzanello Bonifácio, ou Fernando Zor, que faz dupla com Sorocaba. O álbum tinha dezessete canções, nesta ordem: "Você de mim não sai", "Coladinho", "Quando chega a noite", "24 horas", "Incondicional", "Será que é erro meu?", "Único", "Telepatia", "Surreal", "Momento certo", "Virou star", "Nega", "Te vivo", "Raios e trovoadas", "3 de maio", "Esqueci de te esquecer" e "Promete".

Seis das músicas do álbum, que vendeu mais de 300 mil cópias, foram compostas por Luan, sozinho e com parceiros, e ele fez mais de duzentos shows naquele ano. Porém, apesar do sucesso de vendas e de público nos shows, Luan Santana nunca foi unanimidade, evidentemente. Milhões de pessoas gostam dele e de sua música, e uma grande quantidade de fãs o idolatra; milhões não gostam, e muitos se recusam a ouvi-lo cantar. Também é difícil rotulá-lo como "cantor sertanejo", como ele próprio se autodenomina. O gênero era facilmente identificado décadas atrás, com as canções rurais e pungentes de duplas clássicas como Cascatinha & Inhana, Tonico & Tinoco, Pena Branca & Xavantinho, João Mineiro & Marciano, Milionário & José Rico,

Leo Canhoto & Robertinho, Mato Grosso & Mathias e tantas outras inseridas no estilo "sertanejo de raiz", ou simplesmente duplas caipiras. Veio então a geração de Chitãozinho & Xororó, Zezé di Camargo & Luciano, Bruno & Marrone, Victor & Leo etc., que beberam em outra fonte e mudaram radicalmente os temas. Foram classificadas como "sertanejo romântico", que antecedeu o "sertanejo universitário".

Em 2015, eclodiu uma polêmica, por razões absolutamente equivocadas, a respeito de um suposto preconceito contra a música sertaneja — que, afinal, de sertão nada conserva. Hoje, é uma música urbana, que reflete a época dos celulares e das selfies, dos "vaqueiros" em picapes incrementadas, uma música apresentada não apenas em rodeios, mas igualmente em casas de show sofisticadas.

É difícil falar em música sertaneja quando se vê, no palco de um show de Luan, uma superprodução com profusão de guitarras, piano e *backing vocals* estilosos, tudo amparado por tecnologia e cenários importados dos Estados Unidos e da Europa, mais para Las Vegas e Miami do que para o interior do Mato Grosso do Sul. Luan canta, principalmente, baladas românticas. Os pesquisadores da história da música no Brasil concordam que o sertanejo é uma derivação da toada caipira, que nasceu no fim da década de 1920, a partir de um paciente e rico trabalho de Cornélio Pires, um compositor e escritor que registrou em forma de canções os saborosos "causos" que se multiplicavam pelo interior de alguns estados brasileiros.

Segundo Ricardo Cravo Albin em seu *Dicionário Cravo Albin da Música Popular Brasileira*, obra de referência no gênero, a origem da autêntica música sertaneja está circunscrita à área que abrange o interior paulista, norte e oeste do Paraná, Minas Gerais, Goiás, Mato Grosso e Mato Grosso do Sul — neste último estado nasceu Luan. Os pioneiros do sertanejo recorriam a temas rurais e exaltavam a beleza e a simplicidade da vida no campo e nos lugarejos do interior, a plantação, o gado, a casinha pequenina no pé da serra, as porteiras das fazendas, em contraposição ao artificialismo das grandes cidades. O *Dicionário Cravo Albin* registra: "De uma maneira mais ampla, a música sertaneja seria também o baião, o xaxado e outros ritmos do interior do Norte e Nordeste. Tradicionalmente, a música sertaneja é interpretada por um duo, geralmente de tenores, com voz nasal e uso acentuado de um falsete típico. O estilo vocal se manteve relativamente estável, enquanto a instrumentação, ritmos e contorno melódico gradualmente incorporaram elementos estilísticos de gêneros disseminados pela indústria cultural."

Cravo Albin também explica as diferenças entre caipira e sertanejo, mas, no balanço geral, se Luan Santana é mesmo um músico sertanejo, o elemento novo que ele introduziu foi o fato de cantar sozinho, e não em dupla, além de chegar ao sucesso com menos idade do que a maioria dos artistas do gênero — o que também chamou a atenção do público e conquistou uma legião de fãs de uma determinada faixa etária que talvez, se não fosse por ele, não se interessaria pelo estilo. Uma maneira simples de solucionar o impasse nas tentativas de definição de gênero foi sugerida com perspicácia — e com seu irresistível pendor polêmico — por Caetano Veloso, em uma entrevista concedida ao portal Terra em fevereiro de 2011. O repórter perguntou: "Com o sertanejo universitário em alta, você vê a

MPB em baixa? Ela precisa ser reavaliada?" Caetano respondeu: "Eu não consigo separar MPB de sertanejo universitário ou secundarista, porque MPB é música popular brasileira, eu não sei por que o sertanejo não estaria incluído aí. É um critério meio difícil de justificar. Eu entendo vagamente quando uma pessoa está conversando comigo e diz: 'Eu achei muito MPB.' Eu sei mais ou menos o que a pessoa quer dizer. Ou então: 'Ele é MPB. Não é rock, não é sertanejo, não é axé: é MPB.' Mas isso não chega a configurar nem gênero, nem estilo. Acho que isso me desnorteia. Tudo bem que a imprensa diga que precisa usar rótulos para orientar os leitores, mas eu não posso me submeter a isso. Muitas vezes esses rótulos mais desorientam do que orientam. Eu não posso entender por que o Luan Santana não é MPB, por que a Daniela Mercury não é MPB."

27. Ano de rupturas

Se 2011 e 2012 foram anos de estabilidade em Londrina e de consolidação da carreira de Luan, 2013 reservava uma instabilidade na base da LS Music. Em 15 de julho, por meio de um comunicado oficial, a empresa esclareceu: "Diante das notícias recentemente publicadas pela imprensa nacional e da necessidade de informar ao mercado artístico sobre questões envolvendo a carreira artística do cantor Luan Santana, a empresa LS Music Produções Artísticas Ltda., responsável pela gestão e pelo agenciamento artístico de Luan Santana, por intermédio da sua assessoria de imprensa, vem a público esclarecer o seguinte: em deliberação entre sócios realizada na presente data foi decidido, por maioria de votos, que a partir da presente data o sr. Anderson

Ricardo de Souza não mais exerce as funções de administrador na empresa LS Music Produções Artísticas Ltda. Deste modo, a administração passa a ser exercida exclusivamente pelos sócios Luan Santana e Fernando Fakri de Assis (Sorocaba), pessoalmente ou por procurador constituído para este fim."

Com uma prosaica nota à imprensa, encerrava-se assim uma relação que parecia sólida e se estendia com consistência desde 2007, por meio de um contrato com dez anos de duração. Havia se passado seis anos, os mais importantes da trajetória de Luan, desde que ele conheceu aquele radialista e ex-locutor de rodeios na cidade goiana de Mineiros, no primeiro show do cantor fora do Mato Grosso do Sul. O comunicado informava ainda: "Luan Santana revogou procuração que havia outorgado ao ex-empresário, Anderson Ricardo, para representá-lo em negócios relativos à sua carreira artística, razão pela qual nenhum compromisso ou contrato poderá ser assumido ou subscrito individualmente por Anderson em nome da LS Music Produções Artísticas Ltda. ou do cantor Luan Santana. (...) As mudanças na administração da empresa refletem a decisão dos sócios majoritários — Luan e Sorocaba — em implementar novo modelo de gestão, com o propósito de melhor atender ao público, parceiros comerciais, colaboradores e todos os envolvidos, direta ou indiretamente, com a carreira de Luan. A parceria entre Luan Santana e Sorocaba continua em vigor e está cada vez mais consolidada, em especial porque pautada pelo respeito recíproco, pelos mesmos interesses e opiniões no que tange às questões comerciais e artísticas. Por fim, deixa de tecer comentários sobre o processo judicial em curso, em razão da sua tramitação sob segredo de justiça."

O segredo de justiça manteve desconhecidas as causas reais do rompimento entre Luan e seu empresário e sócio. Quaisquer que tenham sido os motivos, no entanto, é inegável que Anderson Ricardo teve papel importante na carreira do artista. Em 2007, Luan tinha 16 anos e ainda era conhecido apenas como Gurizinho, um garoto que cantava uma música com um bom número de acessos no YouTube e pedia R$ 1.200 de cachê para se apresentar em uma cidade a 600 quilômetros de sua casa, em Campo Grande. De alguma forma, Anderson percebeu o potencial do garoto e investiu nele tudo o que tinha. Não vacilou em largar seu emprego de radialista e a vida de recém-casado que levava em Mineiros, assim como a casa que começara a construir na cidade. Poucos meses depois, Anderson foi de mala e cuia para Campo Grande e desde então acompanhou Luan de perto, passo a passo, até o sucesso. É evidente que a ascensão de Luan se deve essencialmente às suas próprias qualidades, como talento e carisma, mas, em termos de carreira, é indiscutível que Anderson teve algum mérito — como também é evidente que o empresário recebeu a devida recompensa por isso, no saldo financeiro de toda a operação.

Anderson sempre se julgou "da família", e assim era considerado na casa dos Santana. Quando houve a mudança de Campo Grande para Londrina, por exemplo, Anderson morou por algum tempo na casa da família e foi quem esteve ao lado de Luan no período em que Amarildo se viu obrigado a permanecer em Campo Grande, vinculado ao emprego no banco. Quando se levam em conta os valores envolvidos, é natural que o caso tenha resultado em um processo, em segredo de justiça, e nenhum dos lados jamais deu detalhes do que aconteceu de verdade. Luan, Sorocaba e Amarildo optaram pelo silêncio absoluto. Só se manifestaram quando circulou o boato de que a LS Music havia rompido não apenas com Anderson, mas também com Sorocaba. Todos se apressaram em desmentir. "Luan é meu parceiro, meu amigo, não tem nada de processo. Historinha mal contada", afirmou Sorocaba em coletiva à imprensa na Festa do Peão de Boiadeiro em Barretos, em julho de 2013. Disse que Anderson não era mais o sócio administrador da carreira do Luan Santana, mas permanecia sócio da LS Music, sem poder de decisão: "A administração agora cabe a mim, ao Luan e às pessoas que a gente determinar. Não sei como chegou a esse ponto. Não vou me afastar do Luan, pelo contrário, a gente está mais junto do que nunca, mais próximo do que nunca."

Anderson Ricardo, por sua vez, não manteve silêncio absoluto, mas também se recusou a explicar os motivos do rompimento. Em uma nota divulgada em julho, afirmou: "Devido a situações afetas somente aos sócios e ao cantor Luan Santana, os demais integrantes da sociedade decidiram ingressar com processo judicial para afastar a minha gestão administrativa. Vale acrescentar que assim reforço outra característica de minha personalidade: a transparência. O juiz de direito responsável pela decisão inicial não me afastou da administração empresarial da carreira do cantor Luan Santana e, tampouco, da administração das empresas LS e LAS. O que foi determinado é que a minha gestão será exercida em conjunto com os demais sócios. Portanto, assevero que respondo sim pela administração empresarial da carreira do cantor Luan Santana e pelas empresas que dela decorrem."

Na obscura linguagem dos comunicados oficiais, que mais confundem do que esclarecem, o processo ainda tramita sem decisão final. Em 16 de agosto de 2013, realizou-se uma audiência de conciliação em Londrina, na qual só compareceram Anderson e o advogado de Luan e Sorocaba. Anderson disse que tinha contrato como empresário de Luan até 2018 e comentou: "Na verdade, só quero receber aquilo a que tenho direito e sair. Desde dezembro [de 2012] venho tentando vender minha parte. Algumas coisas que aconteceram, interferências do pai de Luan, começaram a atrapalhar meu trabalho. Aí, apareceu a oportunidade de abrir a AR Live, que é uma empresa com braço em Los Angeles. Só que o contrato me proibia de pegar outro artista. Conversei com o Luan e dei uma porcentagem dos meus artistas que ele quisesse apoiar, como Breno & Caio Cesar. Isso começou a gerar ciúmes do pai e algumas brigas. Falei para o Luan: estamos há seis anos juntos, mas eu e seu pai não podemos ficar no mesmo ambiente." Depois, acrescentou: "Um dia, após a gravação do DVD em que trabalhei, recebi em casa o processo para que eu pagasse uma multa rescisória para sair. Me defendi e entrei com outro processo contra eles, em que requeiro meus direitos."

Foi esse o clima que marcou o rompimento de longa data entre Anderson e Luan, iniciado com um aperto de mão. É impossível dizer com exatidão o valor do negócio, mas não é pouca coisa, considerando que o empresário tinha (ou tem) 30% de participação em tudo. Anderson disse que não se sentia "traído", mas achava que era "ingratidão, não de Luan, mas de quem teve a ideia".

Não foi o único rompimento de 2013. Em fevereiro, a jornalista Dagmar Alba, assessora de imprensa de Luan desde 2009, também saiu da equipe da LS Music. Ao lado de Amarildo, Anderson e Sorocaba, Dagmar formava a "linha de frente", o grupo que estava o tempo todo ao lado do ídolo, resolvendo os problemas, fazendo planos, criando estratégias. Diferentemente do que aconteceu com Anderson, não houve processo nem polêmicas. Dagmar logo seguiu em frente, sem críticas a Luan, e assumiu a assessoria de imprensa do cantor Israel Novaes e da dupla Humberto & Ronaldo.

Separações à parte, 2013 foi o ano em que Luan gravou *O nosso tempo é hoje*, o terceiro ao vivo, lançado em outubro, novamente pela Som Livre. As músicas escolhidas foram "Um brinde ao nosso amor", "Tudo que você quiser", "Garotas não merecem chorar", "Cê topa?", "Sogrão caprichou", "Tanto faz", "Parede branca", "Voar outra vez", "Te esperando", "Multiplica", "Donzela", "Te vejo linda", um pot-pourri com "Anjo loiro" e "O último dos apaixonados", "Isso é que é amor", "Promete", "O nosso tempo é hoje", "Te vivo", "Cabou, cabou", "Mais que amigos" e "Nega".

O álbum foi gravado em um show na Arena Maeda, em Itu, interior de São Paulo, em 7 de julho, e lançado em 21 de outubro. A novidade era um palco colocado no meio do público, além de muitos efeitos especiais, sob a direção de Joana Mazzucchelli, que já havia trabalhado na gravação de *Luan Santana — Ao vivo no Rio*. Onze das 21 músicas eram assinadas por Luan, com diferentes parceiros, e apenas uma — "Promete" — era uma composição solo. A turnê do novo álbum só estrearia em fevereiro do ano seguinte, no Citibank Hall, em São Paulo. Segundo a crítica da época, Luan parecia "mais maduro, mais pop e mais romântico".

E Luan tinha uma carta na manga: lançou no Shopping Cidade Jardim, o mais requintado de São Paulo, *O nosso tempo é hoje* e anunciou que o DVD seria exibido em dezoito salas de cinema, uma novidade. A respeito das ousadias tecnológicas do show em que o álbum foi gravado, comentou: "Desde o *Ao vivo no Rio* eu venho nessa linha. Sempre me preocupei demais em levar o melhor show ao meu público. E nesse DVD a gente precisava se superar, atingir um novo caminho, sem sair da tecnologia, de show grande e ainda mais próximo do público." A produção do álbum ao vivo custou em torno de R$ 3,5 milhões.

No mesmo ano, a Som Livre lançou a coletânea *As melhores... Até aqui*, com as músicas "Te vivo", "Incondicional", "Nega", "Amar não é pecado", "Sinais", "Um beijo", "As lembranças vão na mala", "Everest", "Hoje não", "Química do amor", "Meteoro", "Sogrão caprichou" e "Te esperando". Para completar, chegou ao mercado o EP *Te esperando*, com essa música e outras três: "Sogrão caprichou", "Garotas não merecem chorar" e "Cabou, cabou".

Foi um ano mais complicado do que os anteriores, com mudanças importantes, mas o sucesso se manteve. As rupturas ocorreram internamente, sem reflexo para o público, e Luan seguiu sua trajetória ascendente. Fisicamente, há muito tempo ele já tinha deixado de ser o garoto franzino das primeiras apresentações e superara a fase adolescente de camisa xadrez sobreposta a uma camiseta. Tinha *personal trainer* e *personal stylist*, como todo astro que se preza, e adotava um visual mais caprichado, com toques de grife. Aos 22 anos, no final de 2013, Luan Santana de fato chegava à idade adulta. No palco do

Domingão do Faustão, na Globo, no fim do ano, afirmou: "Dei uma inovada radical na música sertaneja, mas sem perder a essência dela. O show [*O nosso tempo é hoje*] foi gravado no estilo dos grandes festivais de música eletrônica que acontecem fora do país. Ficou tudo muito moderno. A música sertaneja está precisando de uma inovação, ela precisa de um respiro e meu DVD é isso. Eu quero abrir novos caminhos, fazer novos rumos, trazer novos públicos e massificar cada vez mais a coisa."

28. Duetos e casa nova

"Abrir novos caminhos, fazer novos rumos, trazer novos públicos": pode parecer ousadia em excesso, mas era de fato o que Luan pensava no início de 2014. Sem anunciar nenhum novo empresário, e depois da notícia não confirmada de que havia transferido o direito de negociar sua imagem à 9ine, empresa que tem como sócio o ex-jogador de futebol Ronaldo Nazário, ele informou que a partir de então a gestão da LS Music se restringiria a ele, a seu pai e ao sócio Sorocaba. O círculo se fechou, mais "família" do que nunca, e desse lado tudo se acalmou, permanecendo em segredo de justiça o processo que envolvia o ex-empresário Anderson Ricardo.

No dia em que completou 23 anos, 13 de março de 2014, Luan lançou o single "Cê topa?" como música de trabalho do álbum

O nosso tempo é hoje, gravado em Itu. A música fez sucesso rapidamente e pouco depois ganharia um clipe. Também tiveram lugar nas paradas de sucesso das rádios outras quatro canções do álbum: "Te esperando", "Garotas não merecem chorar", "Tudo que você quiser" e "Tanto faz".

Menos de um mês depois do aniversário de Luan, em 10 de abril, a *Billboard Brasil* anunciou que ele ingressara pela segunda vez no Ranking Social 50, criado para medir a popularidade dos artistas da música de todo o mundo. Ele já havia conseguido a mesma façanha em 2011, e a *Billboard* registrou: "Há duas semanas, Luan Santana apareceu na 47ª posição do ranking. O feito coloca o astro sertanejo como um dos mais procurados do mundo nas redes sociais Facebook, Twitter, MySpace e iLike, contabilizando seguidores e compras de canções nos sete dias que antecedem a parada."

Mais uma vez o ano começava bem e, por enquanto, foram deixados de lado os planos de estruturação de uma carreira internacional. Os discos de Luan foram relativamente bem vendidos em alguns países da América do Sul e em Portugal e ele já havia feito shows no exterior, mas sempre em eventos oficiais, organizados por órgãos do governo, como os chamados Brazilian Days, em que um grupo de artistas se apresenta em cidades que registram concentração de brasileiros.

O primeiro Brazilian Day com a participação de Luan ocorreu em setembro de 2011, em Manhattan, Nova York, em um show ao ar livre sem cobrança de ingresso, que teve também a presença do grupo de pagode Exaltasamba. Em outubro do ano seguinte, Luan fez o show de encerramento do Brazilian Day em Luanda, capital de Angola, apresentado por Luciano

Huck, com a participação do humorista Renato Aragão. As TVs brasileiras deram boa cobertura aos dois shows e, no país africano de língua portuguesa, repercutiu uma declaração de Luan: "Estou apaixonado pelos angolanos. É a primeira vez que estou aqui e acho que não existe no mundo um povo mais parecido com o brasileiro. Nesse pouco tempo, percebi que os angolanos são um povo feliz, que não tem medo de lutar, que não desiste, que apesar das dificuldades encontra sempre um motivo para erguer a cabeça e continuar."

Em julho de 2013, Luan foi a principal atração do Brazilian Day em Tóquio, em uma apresentação comandada por Serginho Groisman no Parque Yoyogi, para um público de aproximadamente 70 mil pessoas, e desde então, até meados de 2015, ele não se apresentou mais no exterior. O motivo talvez tenha sido o resultado pouco satisfatório da única tentativa de realizar turnês internacionais por conta própria, fora de uma promoção oficial como os Brazilian Days. Em novembro de 2012, Luan havia feito shows em Portugal e nos Estados Unidos, e a repercussão no Brasil não foi positiva, apesar das expectativas que havia manifestado antes da viagem. Ele estava empolgado com a experiência de cantar em outros países. "Nossa ideia é levar um pouco da música brasileira para aqueles que estão longe de casa, para que possam matar um pouco da saudade do Brasil", disse.

Mas as circunstâncias não o ajudaram. A turnê norte-americana cobriria três cidades da costa leste — Pompano Beach, na Flórida; Newark, em Nova Jersey, e Revere, no estado de Massachusetts, entre 2 e 4 de novembro. Por azar, a região de Nova Jersey, nas imediações de Nova York, e Revere, perto de Boston, estavam na rota do furacão Sandy, que atingiu os Estados Unidos no dia 28 de outubro. A chegada do ciclone tropical com ventos de até 180 quilômetros por hora provocou muitos transtornos, como inundações, corte de energia elétrica e cancelamento de voos, quatro dias antes do show em Nova Jersey.

Apesar da situação nada animadora, não havia tempo nem condições para cancelar os shows, e a equipe de Luan decidiu seguir em frente. Alguns dias depois, um jornal do Rio de Janeiro publicou uma notícia afirmando que as apresentações foram um fracasso, com média de público de apenas trezentas pessoas. Luan negou e disse ter ficado "magoado", pois a informação era inverídica. Lembrou os danos provocados pelo furacão e destacou que a ideia, em Portugal e nos Estados Unidos, era mesmo fazer shows em casas menores, para públicos pequenos. E acrescentou: "Foi uma injustiça o que fizeram. Fomos lá para alegrar a galera, levar alegria para as cidades que tinham sofrido com o Sandy. Como as pessoas são maldosas, inventaram essa história. Me deixou muito mal. Fazia tempo que eu não ficava chateado assim com uma notícia."

Mas a vida seguiu. Luan se declarava "solteiro", depois de um namoro com a estudante de moda Jade Magalhães, em 2013, na única vez em que expôs publicamente um relacionamento amoroso. Para manter a média, ele preparava o lançamento de um novo álbum em 2014, dessa vez com uma novidade: todas as músicas teriam participações especiais. O nome óbvio do disco era *Duetos*, mais uma vez pelo selo Som Livre, gravadora com a qual mantinha contrato desde o lançamento do álbum ao vivo de Campo Grande, em 2009. Luan já havia gravado algumas músicas em dueto com outros cantores no segundo disco ao vivo, como Ivete Sangalo ("Química do amor"), Zezé di Camargo & Luciano ("Inquilina de violeiro") e a espanhola--mexicana Belinda Peregrin ("Meu menino (minha menina)"), além da versão brasileira para "Bailando", com o espanhol Enrique Iglesias, filho de Julio Iglesias, lançada no ano anterior.

Duetos seria uma compilação, a segunda na carreira de Luan, depois de *As melhores... Até aqui*, de 2013. O álbum foi lançado em dezembro de 2014, com muitas regravações e algumas poucas músicas inéditas, como "Fica (Stay)", em que Luan canta com a dupla norte-americana de música country Florida Georgia Line, formada por Tyler Hubbard e Brian Kelley. As demais faixas eram "Bailando", com Enrique Iglesias; "Porto do amor", com Maná; "Chuvas de verão", com José Augusto; "Longe daqui", com Munhoz & Mariano; "Certos detalhes", com Conrado & Aleksandro; "Hoje não", com Thaeme & Thiago; "Química do amor", com Ivete Sangalo; "Você me dominou", com Matheus & Kauan; "Pode ser pra valer", com Chitãozinho & Xororó; "Meu menino (minha menina)", com Belinda Peregrin; "Everest", com Fernando & Sorocaba; o pot-pourri "Amor distante" e "Inquilina de violeiro", com Zezé di Camargo & Luciano; "Cuidado, cupido", com Péricles; e "Semeando estrelas", com o padre Reginaldo Manzotti.

Em 2014, a carreira de Luan estava no sétimo ano, e ele tinha chegado longe. Em fevereiro, havia finalmente deixado Londrina e morava na casa que comprara em Alphaville, na região metropolitana de São Paulo, que a imprensa logo classificou como "mansão". Alphaville é um vasto conjunto de condomínios fechados criado na década de 1970, que se estende pelos municípios de Barueri e Santana de Parnaíba, perto de São Paulo, ligado à capital pela rodovia Castelo Branco, sempre congestionada. É como uma pequena cidade, com segurança própria e cerca de 35 mil habitantes que vivem em aproximadamente 12 mil residências de alto padrão e perfil de classe média alta. Moram ali muitos artistas e algumas pessoas realmente ricas, embora quem tenha "dinheiro de verdade" prefira lugares mais exclusivos da capital paulista, como algumas áreas dos Jardins.

Antes da mudança, Luan providenciou uma reforma na casa, para deixá-la "mais personalizada", e entregou as obras ao arquiteto Luis Pedro Scalise, que queria deixar a suíte de 100 metros quadrados do cantor com um clima "anos 70". Havia alguns anos a saída de Londrina vinha sendo considerada inevitável pela família Santana, que percebia a dificuldade de administrar a carreira de Luan a partir de um lugar fora de São Paulo ou do Rio de Janeiro, onde estão os grandes estúdios de gravação e os centros de decisão da indústria da música e do entretenimento. O próprio Sorocaba já morava em São Paulo, desde que deixara Londrina havia mais de quatro anos. Luan explicou: "Eu estava ficando demais fora de casa. Vinha muito para São Paulo, porque tudo é aqui. Minha irmã está fazendo teatro aqui, então a família inteira decidiu se mudar." Disse que, por um lado, foi complicado deixar Londrina, onde passara bons momentos, mas lembrou que já estava acostumado com mudanças, por causa das transferências de cidade que eram comuns quando o pai trabalhava no banco.

Ainda em 2014, Luan emplacou mais uma trilha sonora na Globo: "Tudo que você quiser", em *Malhação*, mantendo a tradição. O ano ainda seria fechado com chave de ouro, quando

Luan foi convidado por Roberto Carlos para participar do seu tradicional especial na mesma emissora. A gravação ocorreu em uma casa de espetáculos na Barra da Tijuca, Rio de Janeiro, para convidados especiais da Globo. Ele foi anunciado por Roberto Carlos como "um grande ídolo do Brasil, o cara que está fazendo um sucesso incrível em pouco tempo de carreira, mas ele merece, esse menino Luan Santana". Elegante em um terno cinza e camisa social branca, Luan respondeu: "Rapaz do céu! Eu quero que você saiba, Roberto, que hoje aqui estou realizando um grande sonho da minha vida, um grande sonho da minha carreira. Realmente são muitas emoções." Roberto continuou: "Obrigado, querido, mas essa emoção não é só sua, é nossa também, do seu imenso fã-clube, que com certeza está vivendo essa emoção." Em seguida, os dois cantaram "Lobo mau", sucesso da Jovem Guarda, lançado na década de 1960, quando Roberto tinha mais ou menos a idade de Luan e que termina assim: "Me chamam lobo mau, me chamam lobo mau, eu sou o tal, tal, tal, tal."

29. Acústico e retrô

Assim que começou 2015, Luan talvez ainda não se sentisse "o tal", musicalmente, mas revelava uma visão mais clara do que pretendia e estava disposto a fazer valer suas opiniões profissionais, agora compartilhadas apenas com o pai e com Sorocaba. Ao mesmo tempo, reunia novos parceiros a sua volta, como o conterrâneo Eduardo Borges de Souza, ou Dudu Borges, um produtor musical e multi-instrumentista com o qual vinha compondo algumas canções. Perto de completar 24 anos, Luan demonstrava seus novos conceitos no álbum que acabara de gravar, em 16 de dezembro de 2014, e se encontrava em processo de pós-produção. Estava com a cabeça cheia de ideias e queria que sua carreira e seus shows seguissem um rumo diferente de tudo o que havia feito até então. Sobravam motivos para otimismo quanto à qualidade da produção. Não faltara dinheiro para a gravação, ele pôde escolher os músicos e os recursos técnicos que quis e contava com o apoio de uma gravadora poderosa, a Som Livre, que desde 2009 havia lucrado muito com suas músicas e com os recordes consecutivos de vendas. Luan era uma das estrelas da casa.

Ao mesmo tempo, ele já dera sinais de cansaço em relação à parafernália de efeitos especiais que usara — e de que abusara — nas experiências anteriores, cujo auge foi o show de gravação do *Ao vivo no Rio,* em que "voava" e desaparecia do palco, sem falar dos números de mágica. Era hora de deixar de lado as roldanas e os truques mirabolantes utilizados para conquistar o público e pensar na performance. Foram muitos meses de preparação, que resultaram no espetáculo que, dessa vez, gravou na capital de São Paulo, a cidade que era sua nova casa, nos Estúdios Quanta, que se autodefine como "o maior complexo de locações do Brasil para o setor audiovisual", sendo de fato imenso.

Não houve venda de ingressos. Além de convidados, a gravação foi assistida apenas pelos fãs que se inscreveram em uma promoção anunciada no site oficial de Luan e nas redes sociais, e somente em fevereiro ele divulgou o *teaser* do novo álbum em seu canal oficial no YouTube. O *Luan Santana — Acústico* foi produzido por Dudu Borges e lançado em 4 de abril em um show com ingressos esgotados no Rio de Janeiro, no Citibank Hall da Barra da Tijuca, tendo dez músicas inéditas e dez regravações: "Escreve aí", "Vergonha na cara", "O recado", "Chuva de arroz", "Cantada", "Café com leite", "Falando sério",

"Sufoco", "Conto de fadas", "Um ser só", "A outra", "Eu não merecia isso", "Meteoro", "Você não sabe o que é amor", "Um beijo", "Cê topa?", "Amar não é pecado", "Te vivo", "Tudo o que você quiser" e "Te esperando".

Seis dessas músicas foram compostas por Luan, em parceria com Dudu Borges, Bruno Caliman, Eddy Jackson, Filipe Escandurras, Marco Carvalho, Thiago Servo e Caco Nogueira. Ele também regravou músicas de amigos sertanejos, como "A outra", de Thiago & Graciano, e "Conto de fadas", de Israel & Rodolfo. E fez questão de lembrar a "velha amiga" "Falando sério", de Elizandra Santos, que o tornou conhecido, e o megassucesso "Meteoro", do sócio Sorocaba, que assinou outras duas composições: "Você não sabe o que é amor" e "Um beijo". Depois, "Eu não merecia isso", de Filipe Escandurras, seria trilha sonora da novela *Sete vidas*, da Globo, que ainda escolheria o hit "Escreve aí" (de Luan em parceria com Dudu Borges, Bruno Caliman e Eddy Jackson) como a música tema dos personagens de Tatá Werneck e Danton Mello no folhetim *I love Paraisópolis*. Trilha em duas novelas da Globo no mesmo ano não é pouca coisa.

O CD e o DVD acústico foram bem recebidos pela crítica, uma agradável surpresa. E era de fato um produto caprichado, mais contido e requintado, como depois se veria na turnê de divulgação. Luan contou até com um piano e uma orquestra de cordas e metais, regida pelo maestro Otávio de Morais, e foi ambicioso na escolha de alguns dos músicos. Convocou, por exemplo, o baterista e tecladista Aaron Sterling, um norte-americano de 35 anos que já tocou com Kris Kristofferson, Shakira, Taylor Swift, John Mayer, Richie Sambora, Regina Spektor, Alejandro Sanz e

Lily Allen, entre outros. Convidou também o guitarrista Mateus Asato, de 19 anos, que desde os 15 era chamado de prodígio, mais o violinista Cesar Lemos, o percussionista Cara de Cobra, da banda que acompanhava Ivete Sangalo, e os *backing vocals* Daniel Quirino, Silveira e Paulinho — estes, bem na linha Amy Winehouse, com muito estilo e presença de palco.

O que se viu nos shows do *Acústico* foi uma linguagem mais madura, com ênfase nos detalhes musicais, como contraponto aos exageros de efeitos especiais de outras turnês. Em apresentações ao ar livre e em palcos enormes, como os que predominam nas incontáveis festas de rodeio que se espalharam pelo país, é inevitável que haja uma profusão de canhões de luzes, fumaça, cores e papel laminado, mas ainda assim o que chama a atenção é o cenário de bom gosto, com uma linguagem definida.

O jornal *O Fluminense*, de Niterói, um dos mais antigos do país, publicou em 12 de maio uma crítica assinada por Marcelo Almeida que é um bom exemplo da reação da imprensa ao *Acústico*. "Conceito remete ao espírito rocker dos anos 50, apesar do som romântico", dizia a chamada da matéria, que continuava: "Apesar de ser conhecido como um cantor sertanejo, o trabalho ultrapassa qualquer barreira que este rótulo possa impor e isso já é mostrado a partir da produção, que remete aos anos 1950 no clima do show, nas imagens em preto e branco, na jaqueta de couro que Luan usa, nas roupas dos músicos ou nos arranjos mais calmos das canções. No palco, parece que a banda está tocando na calçada de um cineteatro. Conforme o show vai avançando, o palco se desfaz e se transforma em um show de luzes e Luan abandona a jaqueta e a troca por um terno."

É mais ou menos isso mesmo. A abertura do show não escapa da inevitável apoteose de luzes e logo se vê um pianista em uma plataforma giratória tocando as primeiras notas do hit "Escreve aí". Luan fica em um ponto bem à frente do palco. Na sequência, mudam as luzes, alguns detalhes do cenário e do figurino, mas o tom é inegavelmente mais sóbrio. A referência mais explícita da linguagem visual, e o que mais chama a atenção, é a fachada de cinema estilizada que remete à década de 1950 ou 1960, com o nome de Luan Santana em letras vermelhas no cartaz, abaixo da inscrição "Acústico" em neon branco e letras cursivas. A entrada do "cinema" fica no fundo do palco, bem no centro, e proporciona o clima retrô proposto por Luan, que segue a mesma linha nas roupas escolhidas para a turnê, mais elegantes.

As críticas positivas ao novo álbum e ao show foram o sinal de que 2015 não seria diferente dos anos anteriores. E outros sonhos antigos certamente se realizariam, depois do dueto com Roberto Carlos. O primeiro deles já havia sido anunciado: Luan iria participar pela primeira vez do desfile das escolas de samba do Rio de Janeiro, na Marquês de Sapucaí, no Carnaval de 2016. O convite foi feito em julho pela Imperatriz Leopoldinense, que em seu enredo, criado pelo carnavalesco Cahê Rodrigues, homenageará a dupla Zezé di Camargo & Luciano.

30. O futuro

Para um jovem de 24 anos, o futuro é longo demais, quase inimaginável, principalmente para quem já viu seu sonho se realizar. A carreira de Luan Santana teve, basicamente, três fases bem delineadas: a primeira foram os tempos heroicos, iniciados em agosto de 2007, em que o garoto de Campo Grande fez seus primeiros shows, aos 16 anos, em condições precárias, impulsionado por uma música que, sem nenhuma intenção e nenhum planejamento, se espalhou pela internet. A segunda fase começou em 2009, quando Luan, aos 18 anos, associou-se a Sorocaba, trocou Campo Grande por Londrina e conheceu o que era de fato ser um cantor de sucesso. Foi o período em que sua renda se multiplicou geometricamente e ele se tornou um ídolo teen. A consolidação dessa etapa prosseguiu até 2013, quando houve o rompimento com o empresário Anderson Ricardo e Luan assumiu realmente as rédeas de sua carreira, ao lado do pai, Amarildo, e do sócio e parceiro Sorocaba. Daí em diante, foi só uma questão de administrar com inteligência um empreendimento que já se tornara sólido e manter a imagem cultivada em todos esses anos, sem tropeços. Nesse período, ele superou bem o desafio da mudança de um adolescente revelação, apenas uma promessa, para um artista adulto e carismático, com uma imensa legião de fãs.

Luan é realista. Diz que já conseguiu mais do que imaginava. Agora, sua meta parece prosaica: "O que eu desejo é apenas que continue assim, as pessoas gostando de mim, querendo ouvir minhas músicas. Só isso." E acrescenta: "Mas não é nada fácil, é preciso matar um leão por dia." De fato, para que um artista se mantenha em um ponto tão alto como o que Luan atingiu, é preciso muito mais do que ações de marketing. É preciso esforço, determinação e um planejamento inteligente da carreira. O próximo passo talvez seja a tentativa de conquista do mercado internacional. Mas as pessoas próximas de Luan ainda adotam cautela. Sabem que uma carreira no exterior não é fácil para quem canta em português. A solução mais comum, adotada por alguns cantores sem sucesso expressivo, seria gravar em espanhol, mas esse não é um plano imediato.

A questão é que, quando se avalia o potencial de público em um hipotético show de Luan em Portugal ou em Buenos Aires, por exemplo, e se faz uma conversão de câmbio de moedas e o cálculo de custos, não parece mesmo vantajoso trocar a programação bem-sucedida no Brasil por algo que ainda é bastante incerto lá fora. Exceto os shows dos Brazilian Days em Nova York, no Japão e em Angola, assistidos basicamente por brasileiros, as experiências em outros países não foram animadoras.

O parceiro e sócio Sorocaba acredita que o sucesso de Luan terá longa duração: "Por muito tempo ele não perderá esse apelo, pelo menos no que depender de mim. Acho que a carreira dele pode evoluir e manter todo esse carisma, porque o público dele é muito maior do que se pensa, não é formado apenas por meninas adolescentes. Tem muita gente mais velha que gosta dele, e isso dá uma força maior, um poder. Basta saber trabalhar com leveza as transições que virão com o passar do tempo", diz o músico. Sorocaba diz que Luan está amadurecendo e "tem essa coisa pop que é muito apreciada pelo publico". E prevê: "Ele vai longe."

O pai de Luan, Amarildo, projeta: "Eu gostaria que, daqui a vinte anos, o Luan seja visto como o Zezé di Camargo e o Luciano são vistos hoje. Imagino que o sucesso chegue a um ponto em que vai se estabilizar, mas tem que se estabilizar no auge. Trabalhamos muito para construir sua carreira, devagarzinho, para que não aconteça o que houve com outros cantores, que explodiram durante um tempo e depois sumiram. Ele não é só um cantor. Existe toda uma retaguarda que vai fazer parte do sucesso ou do insucesso, que está trabalhando muito para que Luan tenha uma carreira longa e sólida", completa Amarildo, resumindo o que, no mundo de Luan, todos esperam e acreditam.

Com a visão de mãe, Marizete, acrescenta: "Eu não fico imaginando muito para onde isso vai. Até onde for, está ótimo para mim. Eu quero que dure muito, mas se ele resolver parar, e não quero que pare, é bom dizer, mas se hoje ele falar para mim 'mãe, não quero mais, já chega, enjoei, cansei', para mim está lindo e maravilhoso. Nossa, foi lindo até aqui, está ótimo. Já fez a diferença. Já marcou o nome dele, ele já teve esse gosto. Então eu não vou ficar frustrada. Está ótimo, né? E é por isso que não fico deslumbrada. É um fenômeno, as pessoas dizem, mas não sei, não consigo imaginar o Luanzinho desse jeito. A única coisa com que sonho é que ele continue fazendo tudo com prazer, com alegria, feliz. Só isso."

Esse apoio familiar é a base mais sólida de Luan, que foi criado em uma família católica, batizado e crismado, e costuma atribuir suas conquistas a uma bênção. Ele diz, a respeito do seu sucesso: "Eu acho que é muito Deus na minha vida. Porque foi tudo muito natural. Nunca estudei música, fiz só alguns meses de aula de violão e mais nada. Mas nos ensaios os músicos falam que às vezes parece que eu fiz faculdade de música, por ter noção de tempo e saber intuitivamente onde devo entrar e onde devo esperar. Acho que musicalidade e desenvoltura vêm do berço. Quando estou compondo uma música, imagino na minha cabeça todos os instrumentos, como se estivesse já fazendo os arranjos. Então só pode ser Deus."

Ele diz que mistura um pouco as religiões. "Acho que algumas coisas na Igreja católica são meio vagas e que o espiritismo explica melhor." Admite que há muito tempo não assiste a uma missa e que o pai, Amarildo, "vai às vezes". Acredita que existe, sim, alguma coisa depois da morte. "Ah, isso é certeza. Não dá para pensar que você morre e acaba. E eu tenho medo da morte. Já pensou se a gente morre e não tem mais nada? Eu acredito que tenha. Tem que ter. O que mais me desespera em relação à morte é imaginar o que vai acontecer a partir do momento em que você morre. E você vai para onde? Então você não vai ser mais você? O que mais me desespera é pensar que não tem nada. Você morreu e é escuro só. Você não sente nada. É muito doido isso. Uma coisa que desespera também é que um dia a gente vai acabar sabendo de tudo isso, do que acontece depois da morte. Mais cedo ou mais tarde a gente vai saber. Se fosse uma coisa que você nunca iria descobrir, ainda daria para ser tranquilo, mas você vai saber."

Em relação à possibilidade da existência do castigo católico, Luan diz: "Neura de inferno eu não tenho. Acho que para alguém ir para o inferno tem que ser ruim ao extremo, no limite. Acho que a galera que mata, que é cruel mesmo, tem de se dar mal de algum jeito, tem de ter um castigo. Tem tanta gente que é cruel mesmo, monstro, que tem de se dar mal depois da morte. Agora, se você é uma pessoa boa, é tranquilo."

No texto de agradecimento que escreveu para o encarte de um de seus álbuns, Luan concluiu com uma referência a Jesus: "Por fim, não posso me esquecer das pessoas que têm um poder simples, mas essencial, de me mostrar o caminho certo. À minha família, que sorri e chora — se preciso for — junto comigo, aos meus fãs, que já se tornaram minha família também, e, em especial, ao dono do mundo: Jesus Cristo! Por dar-me tudo o que sonhei!"

Luan Santana é seu maior crítico e quem melhor conhece suas limitações. "Acho que nunca vou deixar de me cobrar. Não é que eu seja pessimista, mas demoro a acreditar, e parece que nunca vou deixar de ser assim", diz. Afirma que não sabe definir a razão do seu sucesso: "Essa é uma pergunta que eu me faço, mas não sei responder. É uma boa pergunta, mas não sei. Quem está de fora é que tem que dizer, não eu. Desde o começo sempre foi tudo muito natural. Então, talvez seja porque eu faço o que gosto. E tem que gostar muito mesmo. Se não gostar, não dá para levar essa vida que levo. E não é gostar pouco não. Se gostar só um pouquinho, a pessoa não aguenta. É muito difícil ficar longe da família e manter uma rotina tão desgastante, todo dia."

Já assimilou totalmente o fato de não conseguir fazer o que fazem as pessoas de sua idade, mas aproveita ao máximo todo o tempo livre e acha que compensa, principalmente porque está fazendo o que sempre quis: "Agora que consegui, tenho que levantar as mãos para o céu e agradecer, sem reclamar de nada. Meu sonho era esse, mas agora tenho outros sonhos, claro. Um dia quero voltar a estudar, talvez biologia marinha, além de continuar cantando o que o público curte, o que não é nada fácil. É muito difícil manter o sucesso. É preciso matar um leão a cada dia, e haja leão. Porque a gente depende do público, tudo o que a gente faz é para conseguir a aprovação do público, porque é assim que se sabe que está fazendo certo, é a confirmação."

Luan conhece bem seu potencial. Só que, em 2015, com apenas 24 anos, ninguém é capaz sequer de imaginar até onde ele pode chegar na sequência do amadurecimento natural do seu talento. Ele provavelmente admite que não é um grande poeta nem um músico que ficará na história pela solidez de sua voz e do seu desempenho. Já fez uma música em menos de meia hora e essa música deu bons resultados, mas no íntimo pensa que isso é fácil demais, que nada que é bom de verdade vem tão fácil assim, que é preciso ir mais fundo. Tudo indica que seu senso de autocrítica faça com que ele se veja em um patamar até inferior ao que de fato está, mas é isso que o impulsiona.

Na idade dele, qualquer pessoa tem um futuro imenso pela frente, com incontáveis possibilidades de mudanças, com imensas perspectivas. Para quem tem essa idade e já construiu uma carreira sólida, garantiu a tranquilidade financeira para a família e para as próximas gerações de descendentes e saboreia o prazer de imaginar novos projetos, ele desfruta uma condição privilegiada. E não há dúvida de que sabe como fazer por merecer. Que ninguém se esqueça: Luan Santana está apenas começando, e a partir de agora caberá a ele escrever os próximos capítulos deste livro.

Apêndice

Discografia

Álbuns de estúdio

Tô de cara — fevereiro de 2009 — Som Livre
Quando chega a noite — abril de 2012 — Som Livre

Álbuns ao vivo

Luan Santana — Ao vivo — novembro de 2009 — Som Livre
Luan Santana — Ao vivo no Rio — abril de 2011 — Som Livre
O nosso tempo é hoje — outubro de 2013 — Som Livre
Luan Santana — Acústico — abril de 2015 — Som Livre

Compilações

As melhores... Até aqui — junho de 2013 — Som Livre
Duetos — dezembro de 2014 — Som Livre

EPs

Te esperando — junho de 2013 — Som Livre

Singles
Tô de cara
Meteoro
Você não sabe o que é amor
Sinais
Adrenalina
Química do amor (participação de Ivete Sangalo)
Um beijo
Amar não é pecado
As lembranças vão na mala
Nega
Você de mim não sai
Incondicional
Te vivo
Sogrão caprichou
Te esperando
Garotas não merecem chorar
Tudo que você quiser
Cê topa?
Tanto faz
Eu não merecia isso
Escreve aí

Trilhas sonoras de novelas
Meteoro (*Malhação*, 2010)
Adrenalina (*Araguaia*, 2010)
Amar não é pecado (*Morde & assopra*, 2011)
Você de mim não sai (*Avenida Brasil*, 2012)
Tudo que você quiser (*Malhação*, 2014)
Eu não merecia isso (*Sete vidas*, 2015)
Escreve aí (*I love Paraisópolis*, 2015)

As músicas de cada álbum

Tô de cara 2009 — Som Livre

Sempre com você
Tô de cara
Aqui é seu lugar
Meteoro
Jogo do amor
A louca
Chocolate
Você do meu lado
Pot-pourri: Apaixonado / A loira do carro branco
Minha boca você não beija mais
Somos apenas um

Luan Santana — Ao vivo — 2009 — Som Livre

Meteoro
Você não sabe o que é amor
Sinais
Tô de cara
Pot-pourri: Aqui é seu lugar / Digitais
Minha boca você não beija mais
Jogo do amor
Vou voar
Sempre com você
Eu tô jogando verde
Sobrenatural
Pot-pourri: Apaixonado / A loira do carro branco
Pra você lembrar de mim

Você do meu lado
A louca
Chocolate
Amigos pela fé

Luan Santana — Ao vivo no Rio — 2011 — Som Livre
Abertura
Adrenalina
Um beijo
Palácios e castelos
Química do amor (participação de Ivete Sangalo)
As lembranças vão na mala
Não era pra ser
A bússola
Feiticeiro
Super amor
Meu menino (minha menina) (participação de Belinda Peregrin)
Desculpas
Amar não é pecado
Pot-pourri: Amor distante / Inquilina de violeiro
Conquistando o impossível

Quando chega a noite — 2012 — Som Livre
Você de mim não sai
Coladinho
Quando chega a noite
24 horas de você
Incondicional
Será que é erro meu?

Único
Telepatia
Surreal
Momento certo
Virou star
Nega
Te vivo
Raios e trovoadas
3 de maio
Esqueci de te esquecer
Promete

As melhores... Até aqui — 2013 — Som Livre
Te vivo
Incondicional
Nega
Amar não é pecado
Sinais
Um beijo
As lembranças vão na mala
Everest (participação de Fernando & Sorocaba)
Hoje não (participação de Thaeme & Thiago)
Química do amor (participação de Ivete Sangalo)
Meteoro
Amar não é pecado (Remix)
Incondicional (Remix)
Sogrão caprichou
Te esperando

Te esperando (EP) — 2013 — Som Livre
Te esperando
Sogrão caprichou
Garotas não merecem chorar
Cabou, cabou

O nosso tempo é hoje — 2013 — Som Livre
Um brinde ao nosso amor
Tudo que você quiser
Garotas não merecem chorar
Cê topa?
Sogrão caprichou
Tanto faz
Parede branca
Voar outra vez
Te esperando
Multiplica
Donzela
Te vejo linda
Pot-pourri: Anjo loiro / O último dos apaixonados
Isso que é amor
Promete
O nosso tempo é hoje
Te vivo
Cabou, cabou
Mais que amigos
Nega

Duetos — 2014 — Som Livre
Fica (Stay), com Florida Georgia Line
Bailando, com Enrique Iglesias, Descemer Bueno & Gente de Zona
Porto do amor (En el muelle de San Blas), com Maná
Chuvas de verão, com José Augusto
Longe daqui, com Munhoz & Mariano
Certos detalhes, com Conrado & Aleksandro
Hoje não, com Thaeme & Thiago
Química do amor, com Ivete Sangalo
Você me dominou, com Matheus & Kauan
Pode ser pra valer, com Chitãozinho & Xororó
Meu menino (minha menina), com Belinda Peregrin
Everest, com Fernando & Sorocaba
Pot-pourri: Amor distante / Inquilina de violeiro, com Zezé di Camargo & Luciano
Cuidado, cupido, com Péricles
Semeando estrelas, com padre Reginaldo Manzotti

Luan Santana — Acústico — 2015 — Som Livre
Escreve aí
Chuva de arroz
Vergonha na cara
Cantada
Um ser só
O recado
Eu não merecia isso
Café com leite

Conto de fadas
A outra
Falando sério
Sufoco
Meteoro
Um beijo
Amar não é pecado
Você não sabe o que é amor
Te esperando
Te vivo
Cê topa?
Tudo que você quiser

Este livro foi composto na tipologia
Palatino LT Std, em corpo 12/17, e impresso
em papel off-white no Sistema Cameron da
Divisão Gráfica da Distribuidora Record.